어린이를 위한 뇌과학 프로젝트

정재승의 인간탐구보고서

기획 정재승 | 글 정재은 이고은 | 그림 김현민

아울북

차례

<인간 탐구 보고서>를 시작하며 **6**
  청소년들에게 '호모 사피엔스 뇌의 경이로움'을 일깨워 주었으면

등장인물 소개 **12**

뇌가 말랑해지는 시간 **114, 157**
3권 미리보기

1 없어선 안 되는 존재, 기억 ················ **16**
  지구인의 기억은 모두 진짜일까?

2 쎄니, 다음 시험을 기대해! ················ **36**
  지구인들은 기억하기 위해 애쓴다
   보고서 7 지구인들의 기억력은 매우 부실하다

3 시장에서 도둑 찾기 ················ **59**
  지구인들은 방금 본 것도 기억해 내지 못한다
   보고서 8 지구인의 기억을 믿지 말 것

4 추억은 냄새를 타고 흐른다 ⋯⋯⋯ 79
왜 지구인들은 냄새를 맡으며 추억에 잠길까?
보고서 9 지구인들에게 냄새는 중요한 정보이다

5 기억과 수첩의 관계 ⋯⋯⋯ 97
지구인들이 뭘 자꾸 쓰는 이유는?
보고서 10 지구인의 뇌를 이기는 메모 기억법

6 같은 일, 다른 기억 ⋯⋯⋯ 115
지구인의 뇌에 가짜 기억을 심어라
보고서 11 지구인의 기억을 조작하는 방법

7 즐거운 꿈만 꾸기를 ⋯⋯⋯ 137
지구인의 기억과 꿈은 연결되어 있다
보고서 12 지구인들에게 꿈이란

<인간 탐구 보고서>를 시작하며

청소년들에게 '호모 사피엔스 뇌의 경이로움'을 일깨워 주었으면

어린이와 청소년들에게 단 한 권의 책을 읽혀야 한다면, 그것은 '우리들에 대한 과학'이어야 한다고 생각합니다. 우리 인간이 왜 이렇게 행동하고 생각하는지 '마음의 과학'을 일러주어야 한다고 말입니다. 어린 시절 우리가 무척 궁금해하고 고민하는 대부분의 것들은 바로 나와 가족, 친구들, 그리고 이웃들의 마음에서 비롯된 것들이니까요.

왜 엄마가 하지 말라는 행동은 더 하고 싶은 걸까요? 아빠가 형이나 오빠를 더 챙기면 질투가 나서, 왜 형까지 미운 걸까요? 왜 시험 때만 되면 교과서 말고 다른 책들이 더 읽고 싶어지는지, 왜 좋아하는 여학생은 더 잘 대해 주어야 하는데 오히려 놀리고 싶은지, 정말 궁금하지요.

어린이들에게 마음의 과학을

마음을 탐구하는 학문인 뇌과학과 심리학은 인간의 사고, 판단, 행동에 대한 가장 흥미로운 설명을 우리들에게 들려줍니다. 지난 150년간 신경과학자들과 심리학자들은 '인간 뇌가 어떻게 작동하여 마음

이란 걸 만들어 냈는지' 꽤 많은 걸 밝혀냈습니다. 초등학교와 중학교에 다니는 학생들에게 다른 나라 언어나 복잡한 수학 공식을 가르쳐 주는 것도 필요하지만, '마음의 과학'을 가르쳐 주는 것이 가장 중요합니다. 나는 누구이며, 우리는 어떤 존재인지, 인간 사회는 왜 이렇게 돌아가는지에 대해 과학자들이 밝혀낸 사실들을 아이들에게 알려 주어야 합니다. 그게 우리에게 진짜 유익한 지식이니까요.

그런데 놀랍게도, 우리나라는 고등학교를 졸업할 때까지 뇌과학이나 심리학을 배울 기회가 거의 없습니다. 생물 시간에 잠깐, '우리 뇌는 뉴런이라는 신경 세포들이 시냅스로 연결된 거대한 그물망(네트워크)이며, 뉴런들이 서로 전기 신호를 주고받으면서 놀라운 정신 작용을 만들어 낸다.'는 것 외에는 세상이 아이들에게 '뇌와 마음'에 대해 가르쳐 주지 않습니다.

제게는 딸 셋이 있습니다. 초등학교에 다니는 저희 딸아이들을 위해 제가 책을 한 권 낼 수 있다면, '어린이와 청소년들을 위한 뇌과학' 책이어야 한다고 생각했습니다. 그렇게 해서 이 책이 탄생하게 됐습니다. 무려 10년 전부터 준비했던 이 책이 여러 우여곡절을 거쳐 드디어 근사한 모습으로 빛을 보게 된 것입니다. 바라건대, 이 책이 혼란스러운 어린 시절과 고민 많은 사춘기를 관통하게 될 모든 10대들에게

'나에 대한 친절한 가이드북'이 되었으면 합니다. 뇌과학과 심리학이 그들을 유익한 방황과 진지한 성찰로 인도해 줄 겁니다.

인간의 일상을 낯설게 관찰하기

이 책은 외계인의 시선으로 인간을 탐구하는 흥미로운 이야기입니다. 아우레 행성으로부터 외계 생명체 아싸, 바바, 오로라, 라후드가 지구로 찾아옵니다. 아우레에서 더 이상 살 수 없게 되자, 이주할 외계 행성을 찾기 위해 지구에 파견 온 그들은 지구의 지배자인 인간들을 관찰합니다. 우리 인간들을 물리치고 지구를 점령할지, 인간들과 공존하며 지구에서 함께 살지 알아보기 위해 말입니다.

호모 사피엔스를 처음 만난 아우린들에게는 인간의 모든 행동 하나하나가 흥미로운 관찰 대상입니다. 얼굴에 옹기종기 모여 있는 눈, 코, 입의 형상에 지나치게 집착하는 것도 흥미롭고, 기억력도 자신들에 비해 부실하고, 불쑥불쑥 화를 내며 충동 억제를 잘 못하는 인간들이 그저 신기하기만 합니다. 그러면서도 그들은 자신들을 '현명한 동물(Homo sapiens, 호모 사피엔스)'이라고 부르니 말입니다. 전혀 합리적으로 행동하지 않는 우리 호모 사피엔스들이 그들에겐 그저 어리석게만 보일 뿐입니다. 하지만 그들이 우리를 점점 알아 가면서 우리 인

간들의 장점도 파악하겠지요? 기대해 봅니다.

아이들은 이 책의 첫 페이지를 열면서 외계인의 시선으로 인간을 바라보는 생경한 경험을 하게 될 것입니다. 아싸와 아우레 탐사대처럼 인간을 관찰한 후 '탐구 보고서'를 아우레 행성으로 보내는 과정에 동참할 것입니다. 이 과정을 통해 아이들은 우리들의 평범하고 당연한 일상을 낯설게 바라보는 경험을 하게 될 것입니다. 마치 우리가 곤충을 관찰하고 기록 일기를 쓰듯이, 인간의 일상을 관찰하고 탐구 보고서를 쓰면서 우리를 돌아보게 될 것입니다.

인간이라는 사랑스럽고 경이로운 생명체

그 과정에서 아이들은 우리 인간을 비로소 '이해'하게 될 것입니다. 외계 생명체 라후드처럼 '인간은 정말 이해 못 할 이상한 동물'이라고 여겼다가, 점점 우리들을 이해하게 될 것입니다. 방금 본 것도 잘 기억하지 못할 정도로 호모 사피엔스의 기억 중추는 턱없이 부실하지만, 그렇기에 우리는 부실한 기억 중추를 만회하려고 '반드시 기억해야 할 것이 무엇인지, 소중한 것이 무엇인지 판단하는 능력'을 얻게 됐는데, 그것이 우리를 더 근사한 존재로 만든다는 것을 깨닫게 되지요. 친구가 산 옷이면 나도 사고 싶고, 형이 먹는 걸 보면 배가 고프지 않아도 나도 먹고 싶고, 동생이 우는 것만 봐도 나도 그냥 눈물이 날 정도로 우리 인간들은 '이상한 따라쟁이'입니다. 하지만 그 덕분에 다른 사람의 감정에 공감하며 슬픔을 함께 극복하고 힘든 역경을 이겨 낼 수 있다는 걸 깨닫게 됩니다. 아싸와 아우레 탐사대가 그렇듯, 우리 어린이들도 이 책을 읽으면서 인간 존재의 신비로움을 깨닫게 될 것입니다.

그러면서 결국 외계 생명체 아우린들이 '인간이 얼마나 사랑할 만한 존재'인지 알아주었으면 합니다. 무지 비합리적이고 종종 충동적이며 때론 폭력적이기까지 한 존재이지만, 인간 내면의 실체를 모두 알게 되면, 우리 호모 사피엔스가 얼마나 사랑스러운 존재인지 깨달았으면 좋겠습니다. 아우레 행성의 외계 생명체들이 제발 우리를 지배하려 하지 말고, 우리 인간들의 사랑스러운 매력에 빠져 주길 희망합니다.

무엇보다도, 인간의 뇌는 이성과 감성이라는 두 말이 이끄는 쌍두마차로서, 우리가 사는 세상을 좀 더 근사한 곳으로 만들기 위해 끊임없이 애쓰는 경이로운 기관임을 그들이, 아니 어린 독자들이 알아주었으면 합니다. 우리는 과학이라는 정교한 현미경을 가지고 있으면서도, 동시에 예술이라는 풍성한 악기도 가지고 있는 놀라운 생명체라는 사실 말입니다. 바티칸 시스티나 성당의 '천지창조'를 그릴 정도로

풍부한 감성을 가졌으면서도, 동시에 우주가 빅뱅에 의해 138억 년 전에 탄생했다는 사실을 밝혀낸 이성적인 존재라는 사실 말입니다.

인간의 숲으로 도전적인 탐험을!

인간의 실체가 모두 속속들이 밝혀질 때까지, 아싸와 아우레 탐사대의 '인간 탐구 보고서'는 아우레 행성을 향해 끊임없이 발신될 것입니다. 호모 사피엔스의 뇌가 가진 경이로운 능력, 사랑스러운 매력이 외계 생명체들에게 충분히 이해될 때까지 보고서는 결코 멈추지 않을 것입니다. 그 과정에서 우리 어린이들 또한 인간에 대한 이해가 깊어지겠지요? 외계 생명체 아우린들이 흥미롭게 써 내려간 '인간 탐구 보고서'에서 어린이들과 청소년들이 나를 발견하는 놀라운 경험을 하게 되길 진심으로 기대합니다. 사실 인간 탐구 보고서는 인간 사회를 지배하기 위해 아우레 행성의 정복자들이 작성한 무시무시한 보고서가 아니라, 인간이라는 숲을 탐색하는 외계 탐험가의 도전적인 보고서이기 때문입니다. 자, 이제 그들의 인간 탐험을 흥미롭게 함께해 주시길!

정재승 (KAIST 뇌인지과학과+융합인재학부 교수)

등장인물 아우레인

아싸

덩치가 작고 머리가 좋은 과학자.
지구 어린이로 변신한 탓에 매일매일
학교에 가는 귀찮은 일을 하고 있다.
아싸팬들은 말이 없는 아싸를 신비롭다고 생각하지만
실은 말이 안 통한다고 생각해서 안 하는 것일 뿐.
눈치 없이 들러붙는 옆집 써니 때문에
지구의 온갖 사건에 휘말린다.
제발 혼자 있고 싶다….

바바

아우레 행성의 과학자.
첨단 장비를 매우 잘 다룬다.
자꾸 자기를 보러 오는 써니 때문에
개로 변신한 것을 매우 후회 중.
할아버지였다가 개였다가 정신이 없다.
칼같이 냉정한 성격이지만
가끔씩 따뜻한 모습을 보여 주는
헤어나올 수 없는 나쁜 매력의 개…
아니, 아우린이다.

아우레 행성의 군인.
계획적이고 목표 지향적이다.
아우레 탐사대 중 유일하게 돈을 버는 집안의 가장.
깔끔하고 각 잡힌 성격 덕분에
우려했던 것보다 지구 생활에 매우 잘 적응 중.
미용실에서 조용히 지구인들의 수다를 듣는 게
주된 활동이었지만, 군인의 능력을 발휘할
기회가 오고 마는데…!

오로라

아우레 행성의 외계 문명 탐험가.
탐사대 중 누구보다 지구인에게 관심이 많고
가까이 다가가고 싶어 한다.
안 그래도 푸근한 성격에 지구의 음식이 입맛에 맞아
몸도 마음도 더욱 푸근해지는 중.
TV를 보고 편의점 가는 게 취미가 돼 버려
놀고먹는 듯 보이지만, 자신만의 방식으로
지구인의 각종 정보를 수집 중이다.

라후드

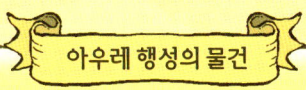

하라하라
아우린들이 가져온 외계의 물건. 원하는 것을 스캔하면 똑같이
만들어 낼 수 있다. 1권에서 사라진 뒤, 행방을 알 수 없다.

등장인물 지구인

써니

엉뚱발랄한 초등학교 5학년. 옆집에 이사 온 가족이 왠지 수상하지만 잘 챙겨 준다. 아싸와 등굣길 친구다. 요즈음 자꾸 깜빡깜빡한다는 느낌을 받는데….
아… 무슨 말을 하려고 했더라?

유니

다이어트와 외모, 유행에 관심이 많은 중학교 2학년. 모든 아이돌의 매니저가 되는 것이 꿈이다. 가장 좋아하는 음식은 떡볶이! 좋아하는 오빠를 잊지 못하는 순정파다.

금 사장

위니의 남편이자 줍줍 여사의 사위. 서글서글한 눈매와 사람 좋은 웃음을 갖춘 공인 중개사. 직원을 구한다면 자기처럼 싹싹하고 기억력 좋은 사람이면 좋겠다.

위니 원장

위니 미용실 주인. 동네의 작은 소문 하나까지 놓치지 않는다. 최근에 들어온 새로운 직원인 오로라가 마음에 든다. 수건을 접는 폼이 남다른 게… 어디서 군 생활이라도 하고 왔나?

줍줍 여사

위니 원장의 어머니. 동네 구석구석을 다니며 쓸 만한
물건들을 모아 지하 창고에 쌓아 두는 게 취미이자 일이다.
요즘엔 TV 드라마 속 인물들에 푹 빠져 지낸다.
드라마는 같이 떠들면서 봐야 더 재밌지~.

루이

편의점 알바생. 외계인의 정체를 믿는 음모론자.
알 수 없는 빛을 내는 수상한 물건부터 저녁마다
탕탕면을 먹는 외계인 박사까지, 점점 자신의 음모를
지지하는 증거들이 발견되고 있다.

정 박사

편의점에 줄몰하는 괴짜 과학자. 루이에게는
그의 말이 외계의 언어다. 메뉴는 항상 탕탕면.
편의점에 온 손님들을 관찰하기 좋아하며 이상한
말을 중얼거려 외계인이라는 오해를 받는다.

없어선 안 되는 존재, 기억

지구인의 기억은 모두 진짜일까?

한밤의 골목길은 어둑했다.

편의점을 나온 라후드는 재빨리 걸었다.

슬금슬금 주위를 경계하는 것도 잊지 않았다.

편의점에서 만난 검은 양복을 입은 남자의 말이 자꾸만 떠올랐다.

'진짜 외계인은 평범한 지구인으로 변신해서 우리 사이에 숨어 있을지 몰라요. 이 아저씨처럼요……'

"지구인들은 생각보다 훨씬 더 똑똑하다. 내가 외계인인 줄 어떻게 알았지?"

그동안 지구인과 똑같이 변신하고 지구인과 똑같이 생활하느라 얼마나 힘들었는데…….

라후드의 지구인 변신 슈트 밑으로 주룩 식은땀이 흘렀다.

검은 양복, 외계인 추적자가 틀림없는 그들을 조심해야 한다. 처음부터 지금까지 아우린들을 쫓고 있는 게 확실하다!

"당장 대책 회의를 해야 한다."

라후드는 집으로 가는 발걸음을 더욱 재촉했다.

"검은 양복은 아직 아우린의 정체를 모른다. 진짜 외계인이라고 생각했다면 벌써 잡아갔다."

바바의 설득도 소용없었다. 라후드는 당장 뛰쳐나갈 기세였다. 라후드가 아우레로 가겠다고 설치고 돌아다니면 정체를 들킬 가능성은 더욱 커진다. 오로라는 겁먹은 라후드를 진정시켜야 했다.

오로라는 벌떡 일어나 소리쳤다.

"라후드, 우리가 먼저 검은 양복을 잡는다. 당장 출동이다."

뭐? 보기만 해도 덜덜 떨리는 검은 양복을 잡으러 가라고? 라후드는 재빨리 주저앉았다.

"다른 방법이 있을 거다. 아싸, 다른 방법을 생각해 보아라."

다음 날부터 아우레 탐사대는 밤마다 편의점 앞에서 잠복했다.

'라면 박사를 외계인으로 만들기' 작전 무대는 편의점이었다.

라면을 좋아하는 박사는 밤 시간에 편의점에만 나타났고, 라면 박사가 외계인이라는 소문을 퍼트릴 목격자 루이는 편의점에서 일하니까.

라후드는 편의점 안으로 쑥 들어갔다.

"콜라 팔지?"

"당연하죠. 왜 자꾸 편의점에서 콜라 파냐고 물어봐요? 외계인처럼."

"내가 외계인이라고?"

라후드의 심장이 뚝 떨어질 뻔했다.

"말이 그렇단 거죠. 헤헤. 전에 이상한 물건을 주워서 경찰서에 갖다줬다는 얘기 했나요? 그게 외계인의 물건 같았거든요. 아저씨한테만 말씀드리는 건데요, 그 이상한 물건을 외계인 전문가들이 가져갔대요."

루이는 너무 많은 정보를 알고 있었다.

라후드는 당장 달아나고 싶었지만 작전을 떠올리며 정신을 바짝 차렸다.

"맞다. 이 근처에 외계인이 사는 것 같다. 전에 루이가 외계인 같다던 그 박사가 진짜 외계인 아닐까?"

"그렇죠? 아저씨가 보기에도 이상하죠?"

"그런데 그 박사, 요즘엔 라면 먹으러 안 오나?"

바로 그 순간, 정 박사가 편의점에 들어섰다.

라후드는 잠복하고 있는 아싸에게 신호를 보냈다.

'왔다! 그 박사 왔다!'

"오랜만에 오셨네요. 오늘도 탕탕면이죠?"

루이는 정 박사에게 인사를 건넸다.

"오! 내 라면을 당신이 어떻게 알지?"

정 박사는 놀라서 눈이 동그래졌다.

"손님의 취향을 기억하는 건 알바의 기본이죠."

루이의 말이 끝나기도 전에 정 박사는 외계인 같은 반응을 보였다.

"제 기억이 어떻게 조작돼요? 제 머릿속에 들어 있는데! 누가 훔쳐 가기라도 한단 말이에요?"

정 박사의 말에 당황한 루이의 목소리가 커졌다. 정 박사는 고개를 저으며 차분하게 말했다.

"기억 조작은 의외로 쉬운 일이네. 주변 사람들이 거짓말로 자꾸 같은 얘기를 반복하면, 나중에는 그걸 자기 기억이라고 착각하지."

"하지만 박사님은 매번 탕탕면을 샀잖아요. 제 기억은 사실이에요. 맞죠?"

"흠, 그건 사실이지."

이상한 지구인 정 박사는 라면을 들여다보며 깊은 한숨을 내쉬었다.

'탕탕면을 좋아한다는 기억은 진짜인가? 누군가 조작하지 않았다는 것을 어떻게 확신하지?'

딸랑, 종소리와 함께 아싸가 편의점 안으로 들어왔다. 아주 똑똑한 어린 지구인 같은 외계인은 곧장 외계인 같은 특이한 지구인 박사에게 다가갔다.

*연주 시차법과 표준 촛광법. 넓은 우주에서 천체의 거리를 재는 방법이다.

편의점 안에는 외계인의 냄새, 아니 라면 냄새가 가득했다.

정 박사는 우주의 뭇별들을 떠올리며 행복하게 라면을 흡입했고, 아싸는 과자를 고르는 척하며 잠깐 생각에 잠겼다.

'저 사람은 확실히 평범한 지구인과 다르다. 솜브레로 은하의 스칼라인 냄새가 나는 것도 같고……'

탐사대의 작전은 성공적이었다. 외계인의 존재를 강하게 믿고 있던 루이는 정 박사를 외계인으로 확신했다.

"역시 외계인이었어! 내 직감이 맞았어!"

"그렇다! 루이가 맞았다!"

작전이 성공해 기쁜 라후드도 루이의 말에 크게 동의했다.

 "컵라면 좋아하는 정 박사님 말이에요, 외계인 같아요."
 탐사대의 계산대로 루이는 소문을 퍼트렸다.
 믿는 사람, 안 믿는 사람, 비웃는 사람……. 지구인들의 반응은 각각 달랐다. 하지만 아무도 아우린들을 주목하거나 의심하지 않았다.
 아우린들은 그것만으로도 충분히 안심했다.

써니, 다음 시험을 기대해!

지구인들은 기억하기 위해 애쓴다

시험 시간. 학교에서 아싸가 유일하게 기다리는 시간이다. 다른 지구인들에게 방해받지 않는 시간이니까.

아싸는 영어 단어 시험지를 받자마자 정답 20개를 주르르 썼다. 문득 고개를 들어 보니, 어린 지구인들이 답을 생각하느라 끙끙대고 있었다.

과학자로서의 호기심이 막 솟아나려는 순간, 평화로운 시험 시간이 끝났다. 선생님은 정답을 불렀고, 아이들은 각자 자신의 시험지를 채점했다. 오늘도 아싸는 다 맞았다.

아싸에게 지구인 어린이들이 매일 보는 쪽지 시험은 지구 어린이의 기억력을 감지할 수 있는 실험이다.

"넌 얼굴도 천재, 기억력도 천재, 못하는 게 뭐니? 참, 피구는 아니었지. 피구가 뭐가 중요해? 중요한 건 머리, 기억력. 바로 뇌야!"

집으로 돌아오는 길에 써니는 열렬하게 아싸의 기억력을 칭찬했다. 동시에 써니의 입에서는 지구 세균이 바글바글한 분비물이 튀어나왔다.

'지구 세균 조심!'

하지만 써니는 아싸의 걱정은 꿈에도 몰랐다. 그저 뛰어난 기억력의 비결을 알고 싶다고 안달을 부렸다.

"어휴, 난 우리 할머니보다 더 자주 깜빡깜빡해. 어떻게 하면 너처럼 기억력이 좋아져? 비결이 뭐야? 하나만 가르쳐 줘. 응?"

기억력이 좋아지는 비결을 가르쳐 주지 않으면 집 안까지 아싸를 쫓아올 기세였다.

아싸는 어쩔 수 없이 기억력 나쁜 어린 지구인을 돕기로 했다.

"뇌가 기억하는 원리를 알면 어렵지 않다. 지구인의 뇌에는 천억 개 정도의 뇌세포가 시냅스로 연결되어 있다. 기억은 시냅스를 거쳐 뇌 전체에 저장된다. 써니, 해마가 뭔지 아느냐?"

"바다에 사는 동물…은 아니지?"

아싸는 써니의 자신 없는 대답을 무시하고 설명을 이어 갔다.

"해마는 기억의 입출력을 담당한다. 해마의 활동이 활발해야 기억을 잘 저장하고 떠올릴 수……."

기억력의 문제를 해결하려다 이해력의 문제까지 발견하게 된 써니가 소리쳤다.

또!

아우린들은 잠시만 방심해도 외계인 소리를 듣고 만다.

아싸는 놀라지 않은 척 침착하게 대답했다.

"나는 지구인이다."

"근데 왜 자꾸 외계인 같은 소릴 해?"

"지구인이라 지구인의 뇌에 대해 말했다. 외계인이었다면 외계인의 뇌에 대해 말했을 것이다."

써니는 고개를 갸웃거리다 금방 끄덕였다.

"그런가? 역시 넌 그냥 천재구나."

기억력이 나쁜 지구인을 설득하는 건 어렵지 않았다.

다만 지칠 뿐이었다.

써니는 30점짜리 시험지를 비밀로 하고 싶었다. 특히 엄마와 언니에게. 하지만 온 동네 소문이 다 모이는 위니 미용실의 원장 딸에게는 불가능한 소원이었다.

위니 원장은 써니를 보자마자 한숨을 쉬었다.

"그나저나 암기력이 그렇게 안 좋아서 어쩌니? 앞으로 암기 과목이 점점 많아질 텐데."

"저도 어제까지는 다 외웠었단 말이에요!"

써니는 설움이 북받쳤다.

영어 단어 못 외우는 게 이렇게 온 가족의 걱정을 들을 일인지 이해가 안 됐다.

금 사장은 써니를 위해 자신만의 암기 비법을 털어놓았다.

"아빠는 뭔가 기억해야 할 때 반복을 해. 매물 주소를 듣고 바로 외워야 할 때가 있는데, 반복해서 여러 번 중얼거리지. 호두 3길 185 1502호, 호두 3길 185 1502호……."

"저도 영어 단어 열 번도 넘게 썼거든요!"

써니도 반복해서 외웠지만 자고 일어나면 다 까먹고 한두 개만 기억이 났다.

"진정한 반복은 잊기 전에 다시 반복하고, 또 잊을 만하면 다시 반복하는 거야. 단기 기억이 장기 기억으로 바뀌어 뇌에 새겨질 때까지 되풀이하는 거지."

말을 하다 보니 금 사장은 자신의 훌륭한 기억력이 자랑스러워졌다.

"써니야, 아빠가 술에 취해서 기억이 끊겨도 집에 잘 찾아오는 거 알지? 그것도 다 반복 덕분이야. 하하하."

저걸 자랑이라고! 금 사장의 말에 눈을 흘기던 위니 원장도 기억력 비법을 털어놓았다.

"기억을 잘하려면 모든 감각을 다 이용해야 돼. 소리, 냄새, 느낌 같은 감각을 동원하면 더 쉽게, 오래 기억할 수 있어. 엄마는 손님 머리를 손끝으로 기억한단다."

"흑, 나만 기억력 꽝이야."

유니가 알려 준 방법마저 실패한 써니는 풀이 팍 죽었다.

하지만 자신감이 떨어지면 기억력은 더 나빠지기 마련이다.

위니 원장은 써니를 위해 기억력을 향상시키는 게임을 제안했다. 트럼프 카드 52장을 모두 뒤집어 놓고 같은 숫자가 있는 모양이 다른 카드 네 장을 찾는 게임이었다.

"써니야, 한 번 뒤집을 때 집중해서 보고 카드 모양과 위치를 딱 기억해야돼."

기억력에 자신 있는 위니 원장이 써니에게 요령을 알려 주었다.

"꼴찌는 안 하고 싶은데……."

불안한 써니는 온 정신을 집중했다.

금 사장은 일부러 설렁설렁 틀려 줬다. 위니 원장도 슬쩍슬쩍 써니를 봐줬다. 트럼프 게임을 처음 해 본 줌줌 여사는 헷갈려서 잘 안됐다. 유니는 이기려고 애를 썼지만 52장이나 되는 카드의 모양과 숫자를 기억하기가 쉽지 않았다.

두 번째 게임에서도 써니가 승리를 차지했다. 52장의 카드 중 모양은 다르지만 숫자가 같은 카드 네 장을 찾기란 쉽지 않았다. 하지만 자신감 덕분인지, 엄마 아빠가 봐준 덕분인지, 아니면 써니가 정말 그림과 숫자를 외우는 능력이 뛰어났는지, 엄마와 아빠, 언니 유니가 뒤집었던 카드를 기억한 써니는 정답을 맞혔다.

"뭐야, 내 기억력이 제일 좋잖아?"

"그래, 써니야. 네 기억력은 충분히 좋으니까 다음 시험 때는 공부를 조금만 더 해 봐, 응?"

써니는 자신만만한 표정으로 고개를 끄덕였다.

"응! 다음 시험 기대해!"

보고서 7

지구인들의 기억력은 매우 부실하다

🌎 2019년 6월 4일 아우레 7385년 19월 45일 작성자: 아싸

지구 사건 개요

* 지구인들은 종종 기억력을 평가하는 시험을 봄. 기억력이 워낙 좋지 않아서, 여러 가지 방법으로 기억력이 나쁘다는 것을 일깨워 주고, 훈련시키기 위함인 듯.
* 지구인들은 서로 자신의 기억력이 낫다며 경쟁함. 기억력에 제한이 없는 아우린들에게는 모두 비슷비슷해 보임. 준과의 기억력 대결에서 나온 문제는 매우 한심했음.
* 써니에게는 과학적인 내용을 설명할 때 주의해야 함. 엄청나게 궁금해하는 것에 대해 명확하게 대답을 해 주었다가, 외계인이냐는 소리를 들음. 지구 생활에 적절하지 않은 행동이었나 봄. 이럴 땐 너무 똑똑해도 문제!

지구인들이 한 번에 기억할 수 있는 가짓수는 7±2개 정도

- 지구인들이 한 번에 기억할 수 있는 가짓수는 5~9개 정도임. 7~8자리로 이루어진 전화번호를 듣고 전화를 걸 수 있음. 그러나 딱 여기까지임. 이 정도가 지구인들의 단기 기억이 저장할 수 있는 용량이기 때문. 그러나 이만큼도 한 번에 기억하지 못하는 지구인이 부지기수.
- 지구인의 뇌에서 단기 기억으로 정보가 머무는 시간은 20~30초. 지구인들은 이것을 지속적이고 비교적 제한 없는 기억 저장 장치로 보내기 위해 의식적으로 노력함. 그러지 않으면 지구인들의 기억은 늘 시한부.
- 지구인들이 얼마나 잘 잊는지 실험해 보았음. 실제로 지구인 써니는 전날 외운 영어 단어를 20%만 기억해 냈고, 지구인 준은 방금 들은 숫자 10개 중 5개도 기억해 내지 못했음. 지구인 금 사장은 7명으로 구성된 아이돌 멤버의 이름을 10번 말해 주어도, 2명도 기억하지 못함. 이런 기억력으로 살아가는 게 신기함.

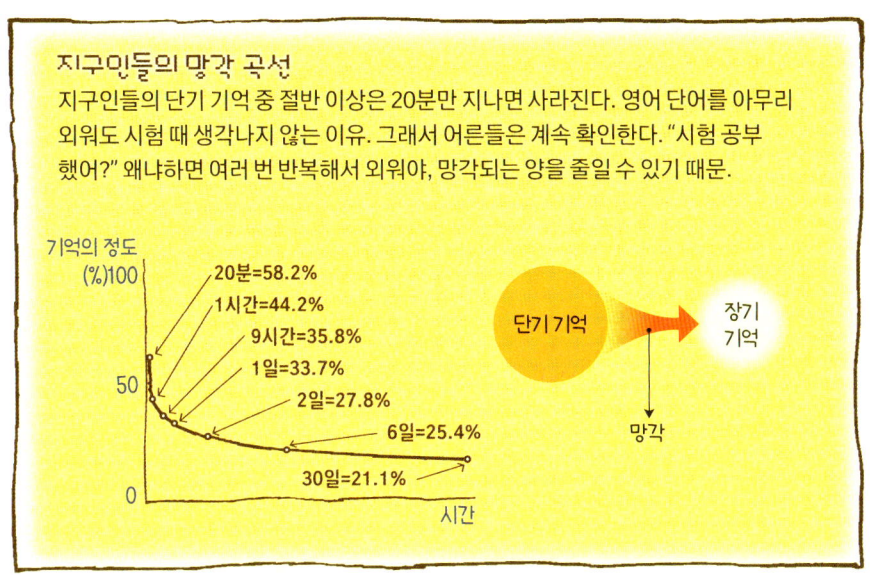

지구인들은 나이가 기억력에 영향을 미친다고 생각한다

- 지구인들의 뇌는 40세 전후로 기억력 감퇴가 시작됨. 신경 세포(뉴런) 사이를 연결해 주는 시냅스가 새로 형성되기 어렵기 때문. 또, 스트레스 호르몬인 아드레날린과 코르티솔이 과도하게 증가하는 경우, 신경 세포의 손상이 촉진됨.
- 지구인의 기억력 중추는 뇌 속의 해마. 해마의 뇌 신경 세포는 태어나는 순간부터 조금씩 파괴되어, 20세 이후에는 파괴 속도가 급속히 빨라짐. 시간당 약 3,600개의 기억 세포가 사라짐.
- 하지만 나이가 든다고 무조건 기억력이 떨어지는 것은 아님. 원래 기억력이 좋지 않다거나, 숫자에 약하다거나, 나이가 많아져서 등은 지구인들의 핑계에 불과함. 지구인의 기억력은 훈련을 통해 강화되고, 실제로 2007년 세계 기억력 대회의 챔피언은 49세의 군터 카르스텐이라는 남자. (지구에서 이 정도면 평생의 반을 산 나이임.)

지구인들의 기억력 향상법

- 지구인들은 기억하는 것을 대단한 능력이라고 생각함. 우수한 지구인들을 선발하는 기네스 대회에는 '기억력 부문'이 있음. 이 대회의 세계 기록 보유자는 500개의 단어를 듣고 한 번에 기억함. 고작 500개를 가지고! 지구인들의 기억력에 대한 평가는 매우 호들갑스러움.

지구인들이 말하는 기억력 높이는 방법

★ 관심을 갖고 집중해라.

★ 기억해야 하는 내용에 스토리를 만들어 이야기해 봐라.

★ 기억할 항목을 익숙한 단위로 끊어서 암기해라.

★ 30초 정도 안구를 좌우로 빠르게 움직여라. 좌우 반구가 서로 활발하게 상호 작용해 기억력이 높아진다.

★ 1분에 60~64비트의 음악을 들어라. 클래식이 좋다.

★ 껌을 씹어라. 뇌에 산소 공급이 늘어나 기억력이 증가한다.

★ 생선을 먹어라. 특히 꽁치나 고등어 같은 등 푸른 생선에 풍부한 DHA가 두뇌 활동을 활발하게 한다.

아싸야! 이렇게 하면 기억력을 높일 수 있대!

안 그래도 기억력 좋다.

- 위의 방법을 모두 시도하면 지구인들은 몇 개나 기억할 수 있을까? 지구인들의 기억력에 대한 연구 결과는 그다지 객관적이지 않음. 오늘 500개를 외운 기억력 천재 지구인이 내일도 500개를 기억할 수 있는지는 모름.

3

시장에서 도둑 찾기

지구인들은 방금 본 것도 기억해 내지 못한다

오로라는 위니 미용실에 완벽하게 적응했다. 재빠른 손놀림으로 위니 미용실의 모든 것을 각 맞춰 정리했고, 바닥에는 머리카락 한 올도 남기지 않았다. 오로라의 지나친 정리벽과 깔끔함 덕분에 위니 미용실의 오후는 늘 평화로웠다. 손님들이 즐겁게 이야기를 하다가 투닥거리기 전까지는.

"어제 〈알뜰한 당신〉 봤어요?"

손 여사의 질문에 위니 원장은 맞장구를 쳤다.

"그럼요. 요즘 그 드라마 보는 낙으로 사는걸요."

위니 원장은 손님들이 좋아하는 드라마를 절대 놓치지 않았다. 손님을 잡는 비법 중 하나이기 때문이다.

평화로워 보여도 지구인들의 일상에는 작은 전투가 끊이지 않는다.

'어째서 지구인들은 사람 이름조차 기억 못 하는 걸까?'

이제 본격적인 탐사대 임무의 시작이다. 지구인들의 대화는 보고서 작성의 중요한 자료가 되니까.

딸랑 종소리가 울리더니 진한 떡볶이 냄새를 풍기며 유니가 들어왔다.

"엄마, 떡볶이 사 왔어요."

"오! 마침 잘됐네. 출출했는데. 다 같이 먹어요."

위니 원장이 떡볶이를 펼쳤다. 시뻘건 국물에 흰색 떡과 누런 오뎅이 각종 야채와 함께 있는 지구의 음식. 오로라는 이제 지구 음식의 냄새 정도는 익숙해졌지만 먹지는 않았다. 소화 과정이 복잡한 지구의 음식보다 아우레 행성의 에너지 캡슐이 더 깔끔하니까.

드라마 얘기에 빠진 위니 원장은 다행히 더 권하지 않았다. 지구인들의 참견은 간식을 먹을 때 가장 심하다. 왜 먹지 않는지, 이 음식을 싫어하는지, 저렇게 안 먹으니 살이 안 찌지 등등…….

"그나저나 승우가 이번에 결혼한다며?"

"승우가 아니라니까요. 승헌이요. 진짜 결혼하는 게 아니라, 드라마 속 내용일걸요?"

손님들은 떡볶이를 먹으면서 이야기를 이어 갔다. 여전히 배우 이름으로 티격태격하면서.

"에이, 또 배우 이름 가지고 싸우시는 거예요? 인터넷에 검색해 보면 간단한 걸."

또다시 문에서 딸랑 종소리가 났다. 이번에는 손님이었다.

"어서 오세요."

오로라는 재빨리 일어나서 손님을 맞았다.

이제 이런 것쯤은 아무것도 아니다. 오로라는 완벽한 미용실 직원이니까!

"이쪽으로 앉으세요."

오로라는 거울 앞에 있는 의자를 가리키며 말했다.

손님은 소파 앞에 서서 쭈뼛거렸다. 어딘가 불편해 보였다.

'떡볶이 냄새 때문인가? 지구인들은 배가 부를 때 음식 냄새를 불쾌하게 여기기도 한다.'

"다음에 올게요."

아니나 다를까 손님은 돌아섰다. 소파 위에 놓여 있던 손 여사의 가방을 제 가방인 양 자연스럽게, 슬쩍 들고서.

'저 손님은 자기 가방이 뭔지도 모른다. 하여간 지구인들의 기억력이란…….'

오로라는 속으로 생각했다.

손님이 나가는 소리에 문 쪽으로 고개를 돌리던 위니 원장은 꽥 소리를 질렀다.
"다음에 꼭 오세…… 어? 그 가방은…… 으악! 도둑이야!"

도둑이라면, 남의 물건을 훔치거나 빼앗는 따위의 옳지 않은 짓, 또는 그런 짓을 하는 사람!

오로라의 머릿속에 도둑의 뜻이 떠올랐다.

'저 손님은 기억력이 나빠서 가방을 헷갈린 게 아니었다.'

오로라가 잠시 멍하니 서 있는 사이에 남자 손님, 아니 도둑은 벌써 미용실을 뛰쳐나갔다.

제일 먼저 유니와 루이가 쫓아갔다.

머리에 롤을 만 손 여사와 떡볶이를 먹던 위니 원장도 헐레벌떡 뛰어나갔다.

오로라도 앞치마를 두른 채로 급히 달려 나갔다.

"저놈 잡아라!"

"도둑이야!"

"내 가방 내놔!"

오로라는 머나먼 아우레 행성에서 훌륭한 군인이었다. 달리기와 전투라면 자신 있었다. 그런 오로라가 도둑을 향해 달리기 시작했다.

바람처럼 몸을 날리는 오로라의 앞을 떡하니 가로막은 것은 다름 아닌 손 여사! 일부러 가로막으려던 건 아니었다. 가방 주인인 손 여사는, 가방을 되찾으려고 자신이 생각하는 도둑을 향해 달리기 시작한 것뿐이었다.

그러나 손 여사가 툭 튀어나오는 바람에 오로라의 발이 꼬였고, 손 여사는 휘청거렸고, 엉켜 버린 두 사람은 앞에 있던 한 남자 위로 넘어지고 말았다.

"어머, 죄송해요."

손 여사가 몸을 일으키며 사과했다.

"괜찮습니다."

정 박사는 바닥에 떨어져 버린 호떡을 안타까운 눈으로 바라보며 대답했다.

"어, 외계인 박사다."

뒤늦게 달려온 루이가 소리쳤다.

"뭐? 외계인?"

오로라는 귀를 쫑긋 세웠다.

"저 사람이 외계인이야?"

"말도 안 돼. 외계인이 어딨어?"

사람들이 수군거렸다. 반은 믿고 반은 안 믿는 것 같았다.

"난 단지 호떡 맛을 비교하는 연구를 하고 있었을 뿐인데……."

난데없이 '외계인 논란'을 벌이는 사람들을 보며 이웃집 정 박사는 조용히 말했다. 멋쩍어진 사람들은 서둘러 제 갈 길을 갔다.

오로라는 넘어진 자세 그대로, 우르르 몰려들었다 사라지는 지구인들을 쳐다보았다. 위니 원장이 호들갑을 떨며 오로라를 일으켜 주었다.

"아유, 괜찮아요? 안 다쳤어? 그나저나 도둑은 완전히 놓쳐 버렸네."

오로라는 벌떡 일어나 위니 원장을 똑바로 쳐다봤다.

"놓치다니? 나는 결코 놓치지 않는다."

오로라는 도둑의 모든 것을 완벽하게 기억했다.

"도둑은 짧은 머리에 키는 175센티미터, 몸무게는 70킬로그램. 안경도 모자도 쓰지 않았고, 파란색 조각배가 그려진 흰 티셔츠에 청바지를 입었다. 20대 중반 젊은 남자, 톡 쏘는 민트 냄새가 섞인 향수를 뿌렸다."

오로라는 손을 들어 시장 한곳을 가리켰다.

"도둑은 바로 저기 있다."

파바박!

오로라는 바람처럼 달려갔다.

보고서 8
지구인의 기억을 믿지 말 것

🌏 2019년 6월 8일   아우레 7385년 19월 65일   작성자: 오로라

지구 사건 개요

* 오늘 새로운 지구인을 만남. 그의 이름은 도둑. 기억력이 너무 나빠서 자신의 물건과 다른 사람의 물건을 구분하지 못하는 것이라 생각했으나, 그저 다른 사람의 물건을 훔치는 사람임.
* 지구인들은 모습을 완벽히 드러내고 도망친 도둑의 모습조차 기억하지 못함. 얼굴이나 옷을 가린 것도 아닌데 설마 못 봤나? 그럴 리가. 심지어 도둑을 완전히 다르게 묘사해서 다른 사람들까지 헷갈리게 만들어 버림.
* 아우레에서 받은 군사 훈련 덕분에 도둑을 완벽히 제압하는 데 성공함. 도둑을 눈앞에 두고도 찾지 못하고 계속 달리기만 하는 지구인들이 답답해서 대신 해 주었을 뿐인데, 지구인들은 매우 기뻐했음.

지구인들에게는 아는 기억과 모르는 기억이 있다

- 지구인들은 자신들의 기억을 여러 가지 종류로 구분하여 정리함.
- 지구인들이 설명할 수 있는 기억은 서술 기억이라고 함. 안다는 것을 의식할 수 있고 '안다고 선언'할 수 있는 기억임. 전화번호를 기억하거나 어떠한 사건을 기억하는 것을 말함. 이때 지구인들의 뇌에서는 전두엽과 해마가 이용됨.
- 지구인들 기억에서 가장 중요한 역할을 하는 뇌는 '해마'. 해마 역시 좌우로 나뉘어 하는 일이 다름. 왼쪽 해마는 주로 언어 정보를 기억하고, 오른쪽 해마는 주로 시각 디자인과 장소를 기억함.
- 지구인들이 스스로도 안다고 인지하지 못하고 기억하는 것은 암묵 기억이라고 함. 직관적이고 무의식적인 기억임. 수영이나 자전거 타기처럼 몸이 기억하는 것임. 이때 지구인들의 뇌에서는 소뇌와 기저 신경절이 이용됨.

지구인들은 기억을 제멋대로 편집한다

- 지구인들은 자신의 기억이 객관적 사실과 다를 수 있다는 생각을 하지 않는 듯함. 확실하지 않은 기억도 의심하지 않음. 그래서 같은 상황을 서로 다르게 기억하는 상황에 맞닥뜨리면 혼란스러워함.
- 지구인들이 나누는 기억의 종류가 더 있었음. 안 좋은 기억력으로 기억할 것을 계속 만들다니, 참 피곤하게 삶. 또 다른 기억의 종류는 느낌에 대한 기억인 일화 기억과 지식에 대한 기억인 의미 기억. 특히 일화 기억의 경우 몸의 감각, 감정, 상황 등의 영향을 받기 때문에 항상 주관적임. 그래서 일화 기억에서 지구인의 기억은 더 주관적으로 편집됨.
- 지구인들은 과거를 계속 편집하고 있음. 현재에 따라 과거의 기억이 바뀌기도 함. 이 기억들이 틀린 기억은 아니며 모두 정당한 기억이므로, 지구인들의 바뀐 기억에 아우린들은 당황하지 말 것!

지구인의 기억력 훈련법

지구인들은 기억력 향상을 위해 다양한 방법으로 훈련함. 아래의 그림은 지구인의 기억력 향상 훈련법. 그림 속 글씨를 읽되, 글씨가 아닌 색으로 읽을 것. 예를 들어, '노란색으로 된 파랑'이라는 글씨는 '노랑'이라고 읽는 식. 총 몇 개나 틀리지 않고 말할 수 있는가?

빨강, 노랑, 검정, 초록, 빨강, 검정… 언제 틀려야 하지?

빨강 파랑 초록 노랑 검정 빨강 파랑
검정 노랑 검정 빨강 초록 노랑 검정
빨강 파랑 초록 노랑 검정 빨강 파랑
검정 노랑 검정 빨강 초록 노랑 검정
빨강 파랑 초록 노랑 검정 빨강 파랑
검정 노랑 검정 빨강 초록 노랑 검정
빨강 파랑 초록 노랑 검정 빨강 파랑
검정 노랑 검정 빨강 초록 노랑 검정

빨강, 파랑, 초록, 노랑, 검정… 엥? 이거 아니야??

주의 집중이 필요한 스트룹 효과

- 지구인들이 이런 훈련을 하는 이유는 바로 집중력을 높이기 위함. 집중력이 높아야 작업 기억 능력이 향상되기 때문인데, 지구인들은 이 활동에서 글자를 읽으려는 충동을 억제하고 색을 읽어야 함.
- 글자를 읽는 것이 자동적으로 처리되는 과정인 반면, 색을 말하는 것은 의식적인 과정. 이 때문에 글자와 색의 정보가 일치하지 않는 상황에서 지구인들은 혼란을 겪게 된다는 것.
- 지구인들은 이 과정에서 뇌의 가장 고등한 영역인 전전두엽이 활성화됨. 세상에, 대체 이게 뭐가 어렵다고. (어… 근데 조금 헷갈리긴 함.)

정보의 불일치 상황에서 방황하는 지구인

헉, 나 어디로 들어가야 되지?

4

추억은 냄새를 타고 흐른다

왜 지구인들은 냄새를
맡으며 추억에 잠길까?

그날 저녁, 오로라의 활약상은 온 동네 사람들의 입에 오르내렸다. 생수를 사러 편의점에 들른 손 여사는 새삼 도둑이 생각나 가방을 품에 꼭 끌어안았다.

"아까는 정말 도둑 쫓느라 혼났네. 두 시간은 달린 것 같았어. 근데 몇 분 안 지났더라고."

"저도 몇 시간이나 추격전을 벌인 기분이었다니까요."

루이도 고개를 절레절레 흔들었다.

퇴근 후 위니 원장은 유니를 붙잡고 오로라 이야기를 꺼냈다.

"오로라 정말 대단하지? 어떻게 그렇게 기억력이 완벽해? 나보다 기억력 좋은 사람 처음 봤네."

"그니까 엄마, 난 도둑이 파란 티셔츠 입은 줄 알았어."

유니가 맞장구를 쳤다.

"난 나이 많은 아저씨 줄 알았어. 머리 모양이 좀 그렇더라고."

때마침 금 사장이 비닐봉지를 달랑거리며 집으로 들어왔다.

"와아! 떡볶이다!"

써니는 방에서 달려 나와 떡볶이와 아빠를 반겼다. 저녁 내내 엄마와 언니의 떡볶이 간식 타임에 나타난 도둑의 추격 이야기를 듣느라 출출했던 참이었다.

"역시 내 마음을 알아주는 사람은 아빠뿐이라니까!"

비닐봉지에서 솔솔 풍겨 오는 떡볶이 냄새를 맡는 순간, 유니는 또다시 아까의 추격전 속으로 빠져들었다.

유니야, 써니야! 아빠가 떡볶이 사 왔다.

"떡볶이 냄새를 맡으니까, 그 도둑놈이 또렷이 떠올라."

"너도 그러니? 나도. 짧은 머리에 흰 티셔츠. 젊은 남자 맞네, 맞아."

위니 원장이 고개를 끄덕거렸다.

"뭐? 도둑이라고? 집에 도둑이 들었단 말이야?"

금 사장이 깜짝 놀라 물었다.

"아니, 집 말고 미용실에……."

위니 원장이 낮에 벌어졌던 도둑 사건 이야기를 들려주었다.

"글쎄 오늘 낮에 미용실에 도둑이 들었는데, 어찌나 동작이 빠른지 우린 전혀 보지 못했거든. 그런데 오로라가 말이야……."

금 사장은 두 눈을 지그시 감았다.

"나는 군고구마 냄새를 맡을 때마다 우리 할머니가 생각나. 밖에서 실컷 놀다가 할머니 방에 뛰어 들어가면 언제나 군고구마를 내주셨어. 구수한 냄새, 달콤한 맛, 할머니와의 소중한 추억이 솔솔~."

"그럼 도둑 사건도 추억이 될 거란 말이야? 생각만 해도 가슴이 벌렁거리는데?"

위니 원장은 가슴을 쓸어내리며 눈을 흘겼다.

"당신은 꼭 말의 핵심을 못 짚더라. 도둑 사건이 추억이 아니라 냄새가 추억을 떠올리게 한다고!"

또 시작이었다.

만난 지 이미 20년이 넘은 엄마와 아빠의 투닥투닥 말다툼.

유니는 슬그머니 일어나 방으로 들어갔다.

"맞아, 추억은 냄새를 타고 흘러."

세상에는 꽃향기, 향수 냄새, 삼겹살 냄새 등등 좋은 냄새가 많았지만, 유니에게 가장 향기로운 냄새는 따로 있었다.

유니의 추억을 떠올리게 하는 향기, 바로 달콤한 첫사랑의 추억……

<몽스터즈 손오공을 소개합니다>

나는 세계 최강 원숭이다!

특징 1

머리 위에 반짝이는 금고아 착용

특징 2

언제 어디서든 부르면 날아오는 근두운 보유

오! 잘 지냈지?

우리는 콩스터즈

30초로 보는 몽스터즈

아울북의 새로운 손오공 등장!
고전 소설 서유기가
신나는 모험으로 다시 태어났다!

재밌다!

유익하다!

손오공 빅카드를 드립니다!

안녕! 나야 **마법천자문** 손오공.
내 동생들이 나온다고 하니까 기대해 줘!
다시 읽고 싶은 무한 재미 보장!

마법천자문 손오공 추천도서

유니는 찬이 오빠의 티셔츠를 살포시 끌어안았다.

윽, 하마터면 토가 나올 뻔했다. 너무 오래 간직했을까? 티셔츠에서는 첫사랑과는 조금도 어울리지 않는 냄새가 났다. 사실은 멋진 찬이 오빠 냄새가 갈수록 퀴퀴한 발 냄새를 닮아 갔다.

그래도 참아야 한다. 이건 발 냄새도 아니고 땀 냄새도 아니고 사랑의 냄새, 추억의 냄새니까.

"웩, 이게 무슨 냄새야? 어디서 나는 거야?"

때마침 유니의 방문을 연 위니 원장은 퀴퀴한 냄새가 나는 티셔츠를 보고 질겁했다.

"이게 뭐니? 당장 갖다 버려."

"안 돼. 이게 얼마나 소중한 건데."

유니는 추억의 티셔츠를 버릴 수 없었다. 하지만 위니 원장도 그렇게 더러운 물건을 집에 둘 수 없었다.

"얼른 안 버려? 너도 나갈래?"

"이걸 버리느니 차라리 내가 나갈래!"

유니는 꽥 소리를 지르고 집을 뛰쳐나왔다.

"중요한 게 냄새라면 냄새만 따로 모아 저장하면 된다."
바바는 세상에서 가장 단순한 일이라는 듯이 말했다.
"우리 오빠 냄새만 따로 저장할 수 있어요?"
유니는 두 눈을 동그랗게 뜨고 물었다.
"냄새는 입자다. 티셔츠에서 냄새 입자를 추출해서 모으면 간단하다."

유니랑 같이 들어간다!

지구인에게 소중한 냄새라면 탐사대도 관심이 많았다. 지구인들의 감각과 취향을 탐구할 수 있는 기회니까.

바바는 강력한 냄새 흡입기를 만들어 티셔츠에 묻은 젖산, 곰팡이, 세균, 음식물 등의 냄새 입자를 뽑아냈다. 낡은 티셔츠에 추억의 냄새가 하나도 남지 않도록 쏙쏙!

"자, 여기. 네가 원하는 냄새를 다 모았다."

바바는 작은 유리병을 건넸다. 유니는 마개를 열어 보려다 발 냄새를 닮아 가는 추억의 향기를 떠올리고 다시 꼬옥 잠갔다.

"소중한 추억이니까 그냥 이대로 오래오래 간직할래요."

유니는 유리병을 꼭 끌어안았다.

"이 병을 추억의 유리병이라고 부를 거예요. 바바 할아버지, 정말 고마워요!"

유니는 발걸음도 가볍게 뛰어나갔다.

"바바."

라후드가 빼꼼 고개를 내밀었다.

"유니는 왜 곰팡이와 세균이 뒤범벅된 냄새를 좋아한대?"

"나는 모른다. 지구인이 간직하고 싶어 하는 냄새에 대한 정의는 쉽지 않다."

보고서 9
지구인들에게 냄새는 중요한 정보이다

🌍 2019년 6월 9일   🪂 아우레 7385년 19월 70일   작성자: 바바

지구 사건 개요

* 미용실에 나타난 도둑을 잡은 이야기는 지구인들의 대화에서 쉽게 사라지지 않음. 지구인들은 사건을 계속 얘기함으로써 기억력을 높이려고 함. 그러나 대화할 때마다 기억이 조금씩 바뀌는 것 같음.
* 지구인들은 간식을 즐겨 먹음. 특히 써니와 유니, 위니 원장은 떡볶이를 매우 좋아함. 낮에도 먹고 저녁에도 먹을 정도. 새빨간 양념에 탄수화물과 나트륨 덩어리인 저 음식에 집착하는 이유를 모르겠음.

지구인들에게 좋은 냄새는 비슷하지 않다

- 지구인들은 같은 냄새에도 다르게 반응함. 유니는 꼬질꼬질한 티셔츠와 같은 방에서 지내는 데 아무런 문제가 없었지만, 아주 잠시 그 냄새를 맡은 위니 원장은 아직도 두통을 호소하고 있음.
- 지구인들은 시각적인 판단에 크게 의존함. 그러나 지구인들의 후각에 대해 연구해 보니, 지구인에게는 후각 관련 유전자가 시각 관련 유전자보다 세 배나 더 많음. 이렇게 예민한 후각을 사용해서, 상대가 매력적인지 아닌지 판단하기도 함.
- 이성에 대한 매력을 평가하는 실험에 있어, 지구인들은 자신과 면역 반응이 다른 사람의 냄새에 이끌린다는 연구 결과가 있음. 지구인들은 꾸준히 아기를 낳으며 20~30년마다 세대를 바꾸는데, 이때 자신과 다른 유전자의 이성을 만나는 것이 건강한 아기 출산에 도움이 됨. 너무 가까운 사이에서는 기형아가 태어날 수 있기 때문.

합스부르크의 혀, 스페인의 찰스2세

38세에 사망한 스페인 합스부르크의 마지막 통치자. 왕실의 혈통을 지키기 위해 가까운 친척끼리 결혼하는 유럽 왕실의 풍습에 따라, 그의 부모는 삼촌과 조카 사이. 이 가문에는 '합스부르크의 혀'라는 유전병이 널리 퍼졌는데, 찰스2세는 혀가 너무 크고 아래턱이 심하게 나와서, 침을 흘리고 음식도 먹기 어려웠다고 함. 외모를 중요하게 생각하는 지구인들인데, 엄청 괴로웠을 듯.

지구인의 뇌는 후각에 매우 빠르고 민감하다

- 지구인들이 후각에 민감한 것은 지구인의 뇌 구조 때문임. 지구인들의 다른 감각은 모두 '시상'이라는 영역을 거쳐 대뇌 곳곳으로 전달됨. 그러나 후각 정보는 중간 단계 없이 바로 대뇌로 전달됨. 특히 감정과 기억을 담당하는 변연계와 바로 연결됨. 이 때문에 유니가 냄새 나는 티셔츠를 끌어안고 있었던 것임. 세균 냄새가 유니에게는 그날의 추억이었음.

- 그러나 지구인의 후각이 예민한 것은, '역겨움'과 같은 반응으로 독초나 썩은 음식, 천적의 나쁜 냄새 신호를 빠르게 감지하기 위한 것임. 생존과 직결되기 때문에, 빠르고 신속할수록 유리함. 위니 원장은 티셔츠의 냄새에서 생존의 위협을 느낀 듯함.

- 좋은 향기는 지구인의 기억력 향상에 도움을 주기도 함. 깊은 잠에 들었을 때 장미향을 맡으면 기억력이 좋아진다는 실험 결과도 있음.

푸르스트 현상

냄새와 기억의 상관관계를 처음 얘기한 사람은 푸르스트라는 소설가. 홍차에 마들렌이라는 과자를 찍어 먹다, 과거의 기억을 구체적으로 떠올리는 장면을 그렸다고 함. 지구인 소설가라는 사람들도 연구해 봐야겠음. 꽤 똑똑한 자들일 것 같음.

기억력과 감각 실험

- 지구인들은 후각, 촉각, 미각, 청각, 시각 등 다양한 감각 기관을 통해 들어오는 정보를 모두 기억하고 싶어 함. 그러나 말했다시피, 지구인의 기억력은 형편없고 이런 감각을 통해 들어오는 정보들은 편집되기 쉬움.
- 그래서 지구인들은 자신의 기억을 믿지 않고, 기억을 저장할 다양한 방법을 만들어 냄. 아우레 행성에 전해진 사진과 소리, 영상 기술이 바로 그 증거임. 지구인들은 이런 감각을 저장하는 기술을 발전시켜 왔음. 심지어 이러한 영상에 뇌가 좋아하는 스토리를 덧붙여, 텔레비전 드라마 같은 가상의 세계를 만들기도 함.
- 그러나 후각을 저장하는 기술은 여전히 미개한 수준. 지구에도 인공적인 향을 만들어 내는 기술은 있으나, 원하는 향을 모두 저장하지는 못함. 지구인들의 기억을 불러오는 데 후각이 갖는 역할을 고려하면, 아직 이 기술이 완전하지 않다는 것은 기술 발달의 문제로 보임.
- 지구인의 후각은 기억된 사건의 감정까지 다시 불러일으킨다는 장점이 있음. 물론 같은 냄새를 맡은 뒤라야 가능함. 유니가 찬이 오빠의 사진이 아닌 땀에 젖은 티셔츠를 보관하는 이유가 바로 이것. 기억을 저장하기 위해 비위생적인 환경에 노출되는 것을 감수하려 함. 분명 처음 티셔츠를 주웠을 때의 냄새가 아님에도 불구하고. 후각에 대한 유니의 기억마저 편집된 것 같음.

모든 감각을 동원하는 지구의 영화관

집에서 보는 텔레비전 드라마 못지않게 영화관도 인기 있다. 특히 4D 영화관이라는 곳에서는 시각과 청각뿐만 아니라, 촉각과 후각까지 자극한다. 일반 영화로는 지구인들이 영화의 내용을 다 기억하지 못한다고 생각하는 것일까?

기억과 수첩의 관계

지구인들이 뭘
자꾸 쓰는 이유는?

많은 지구인들의 정신없는 아침과 달리 아우레 탐사대의 아침은 참으로 여유로웠다.

아싸는 완벽한 기억력으로 학교 준비물을 놓치지 않았다.

오로라는 탁월한 계획성 덕분에 서두를 일이 없었다.

바바는 2층 본부에 머물며 한 번도 온 적이 없는 아우레 행성에서 올 통신을 기다렸다.

라후드는 특별히 하는 일이 없어서 아침에도 여유 있고, 저녁에도 안 바빴다.

"무사히 다녀와라. 정체 들키지 말고."

오늘도 라후드는 소파에 엉덩이를 꼭 붙인 채, 지구인 식으로 손을 흔들었다. 현관문을 나서던 아싸가 문득 라후드를 돌아보았다.

"일부러 그런 거야. 지구인처럼 보이려고."

라후드는 몸을 홀쭉하게 웅크리며 변명을 했다.

하지만 매사 정확한 아우린들에게 통할 리 없었다. 아씨는 냉정하게 지적했다.

"라후드의 말은 틀렸다. 라후드 몸의 부피는 40대 지구인 남자의 평균보다 9.16% 더 크다. 눈에 잘 띄는 크기다."

마침 2층에서 내려오던 바바도 한마디 보탰다.

"변신 슈트가 찢어지기라도 하면 다시는 못 만든다."

순간 아우린 탐사대의 눈길이 서로 마주쳤다. 완벽한 기억력의 아우린들이 잠깐 잊은 게 있으니, 바로……

순간 라후드의 손이 소파에서 툭 떨어졌다.

그랬다. 머나먼 아우레 행성에서 라후드는 모험심 넘치는 외계문명탐구클럽의 회장이었다.

쏟아지는 우주 물질들 속에서, 외계 바이러스에 감염될 위험을 무릅쓰고 외계 생명체의 흔적을 찾아다녔다. 그 결과 지구에서 날아온 보이저 1호의 레코드를 맨 처음 발견했고, 낯선 행성 지구로 오게 되었다.

그런데 막상 외계 문명의 한가운데로 들어와서는 정체를 들킬까 봐 덜덜 떨며 외계인을 피하고 있다니!
'외계문명탐구클럽 회원들이 알면 얼마나 실망할까?'
라후드는 숨을 크게 들이마셨다. 옷이 끼어서 불편했지만 터질 정도는 아니었다.
라후드는 거리로 나갔다. 바바의 조사 결과 하라하라는 경찰서에 없었다. 그렇다면 첫날 도착한 그 외계인 연구소에? 전문가들이 가져갔다고 했으니 가능성은 충분하다. 하지만 무작정 외계인 연구소로 갈 수는 없다. 아우레 탐사대의 안전을 위해, 정보를 충분히 모은 다음 움직이는 것이 최선의 선택이다!
'정보는 어디서 모으지?'
라후드는 바삐 지나가는 지구인들을 멍하니 바라보았다. 뒤에서 누군가 소리 없이 다가오는 것도 모른 채……

깜짝 놀란 라후드의 몸이 훅 부풀었다. 하마터면 지구인 슈트가 찢어질 뻔했다.

"여기서 뭐 해요? 우리 부동산에서 커피 한잔 마실래요?"

금 사장이었다. 라후드는 어느새 황금부동산 근처까지 나와 있었다.

'정보가 다 모이는 곳?'

순간 라후드는 결심했다.

위험한 외계인 연구소로 돌진하기 전에 황금부동산에서 정보를 수집하기로.

"블랙 괜찮죠?"

금 사장은 미소를 지으며 커피를 건넸다.

지구 음식은 아우레와 달리 달고, 짜고, 시고, 맵고, 자극적이다. 새로움을 탐구하는 라후드의 입맛에 딱 맞았다. 블랙은 어떤 새로운 맛일까? 라후드는 한껏 기대하며 한 모금 후루룩.

우웩. 블랙은 정수 처리를 하지 않은 아우레 행성의 물에 돌가루를 섞어 끓인 맛이었다.

"아, 달달 커피를 좋아하시는구나. 하하, 미안해요. 아주 달고 맛있는 커피로 다시 줄게요. 건강에는 별로지만."

금 사장은 미소를 지으며 달달 커피를 내밀었다.

'음, 이 맛이야.'

라후드는 금 사장을 따라 웃으며 물었다.

"금 사장, 정말로 여기에 정보가 다 모여요?"

"그럼요. 그쪽으로는 우리 부동산이 최고예요. 왜, 뭐 필요한 정보라도?"

"네. 라후드는 여기서 일하고 싶어요."

"라후드 씨가요?"

금 사장은 잠깐 고민했다. 마침 성실한 직원을 한 명 뽑을 계획이었지만 라후드를 고려해 본 적은 없었다.

"이 일이 보기보다 힘든데 괜찮겠어요? 여러 사람을 상대하려면 성격도 좋아야 하고, 기억력도 좋아야 하고."

"그렇다면 반드시 저를 뽑으셔야 해요."

"어서 오세요!"

곧 첫 번째 손님이 들어왔다.

라후드는 손님과 금 사장을 멍하니 지켜보며 상담 내용을 착착 머릿속에 저장했다. 내용은 물론이고 표정, 숨소리, 손님들끼리 속닥거리는 소리까지 모두 기억했다.

부동산에서의 첫날이 후딱 지나갔다. 라후드는 집에 돌아가는 길에 오늘 들은 정보를 떠올렸다.

"아파트, 원룸, 오피스텔, 상가······."

부동산에는 많은 정보가 모였지만 라후드가 필요한 정보는 없었다. 당장 그만두고 다른 곳을 찾아볼까? 하지만 수첩 선물까지 받고 그만두면 금 사장에게 손해를 끼치게 된다.

"며칠만 더 도와주자. 금 사장은 지구인답게 기억력이 나쁘니까."

다음 날 아침 금 사장은 라후드의 도움을 원했다.

"라후드 씨, 어제 그 수첩 좀 보여 줘 봐요."

"네, 잘 보관하고 있었어요."

라후드는 깨끗이 보관하고 있던 수첩을 내밀었다.

"뭐가 궁금해요? 다 기억하고 있으니 말해 줄게요."

"내가 궁금한 건 수첩에 기록한 내용이에요. 기억을 어떻게 믿어요? 메모를 믿어야지. 어휴, 라후드 씨는 우리 부동산에 맞는 인재가 아니네요. 미안하지만 그만 돌아가세요. 우린 다정한 이웃으로만 지냅시다."

라후드는 쫓겨나다시피 부동산을 나섰다.

보고서 10

지구인의 뇌를 이기는 메모 기억법

 2019년 6월 17일   아우레 7385년 20월 37일   작성자: 라후드

지구 사건 개요

* 금 사장은 공인 중개소에 있을 때 훨씬 많이 웃음. 특히 손님에게는 훨씬 더 많이 웃고, 비싼 집을 원하는 사람에게는 훨씬훨씬 더 많이 웃음. 다시 생각해 보니, 나를 좋아해서 웃는 게 아니었던 것 같음.
* 지구의 다양한 정보가 모이는 공인 중개소에 취직하려 했으나, 금 사장은 내가 모든 것을 기억하고 있는 것을 마음에 들어하지 않음. 기억할 수 있는 내용을 자꾸 수첩에 적으라고 하는 이유를 알 수 없었음. 지구인들은 뇌보다 메모를 더 신뢰하는 것 같음.

지구인들이 기억력을 높이는 방법

- 금 사장은 지구인답게 기억력이 안 좋음. 그래서 수첩을 소중히 여기고 그 안의 내용을 신뢰함. 다른 지구인들도 금 사장처럼 기억력 향상을 위해서 여러 방법을 사용함. 특히 메모, 되뇌기, 사진 찍기, 녹음 등 뇌가 저장하기 좋아하는 다양한 방법을 사용. 기억하기 위한 지구인들의 노력은 눈물겨울 정도임.
- 매우 형편없는 기억력임에도 불구하고, 지구인의 뇌가 특별히 잘 기억하는 것들도 있음. 지구인 뇌의 취향인 듯.
첫째, 지구인의 뇌는 게을러서 익숙한 것을 좋아함. 그러니 정보를 계속 반복해야 함. 특히 짧은 간격으로 계속 주입되는 정보를 잘 기억함.
둘째, 지구인은 지구인의 목소리를 좋아함. 말하고 듣기에 적합하게 진화한 지구인들 뇌의 특성인 듯. 그러니 지구인이 기억하기 원하는 정보가 있을 때는 꼭 스스로 소리 내어 되뇌도록 유도할 것.
셋째, 특히 '나'와 관련된 정보를 아주 좋아함. 스스로를 매우 좋아하는 것 같음.

너무 많이 기억하는 것도 문제

- 지구인들은 기억력을 높이기 위해 애쓰면서도, 기억력이 지나치게 좋은 것은 병으로 취급함. 매우 모순적임.
- 지구인들은 기억력의 천재들을 '서번트 증후군'이라고 부름. 이러한 증상을 가진 지구인들은 전화번호부, 전철역의 순서, 백과사전의 내용을 모두 외워 줄줄 말할 수 있음. 이 정도 기억력을 가진 지구인들이라면, 아우린과 기억력을 견줄 만함.
- 서번트 증후군이 있는 지구인들은 대체적으로 지능 지수(IQ)가 매우 낮다고 함. 이들은 대부분 좌뇌가 손상되거나 좌뇌와 우뇌의 연결이 끊어져 있다는 문제가 있음. 이 때문에 보통의 지구인들보다 월등한 기억력을 가진 지구인들에게 문제가 있다고 생각하는 것 같음. 기억력만 놓고 보면 모든 지구인의 왼쪽 뇌를 무력화시켜야 할 것 같지만, 양쪽 뇌를 모두 사용하는 지구인들의 수준을 봤을 때, 그런 모험은 아직 시도하지 않는 게 좋을 것 같음.
- 지구인들은 원하지 않는 것을 기억하는 것도 병이라고 생각함. '과잉 기억 증후군'에 걸린 이들은 원하든 원치 않든 모든 것을 기억함.
- 과잉 기억 증후군이 있는 경우 과거의 슬픈 일과 그에 대한 감정까지도 잊지 못하기 때문에 나쁜 기억으로 계속 고통 받음. (지구인들은 이미 지나간 일의 감정에도 많이 휘둘리는 듯 보임.) 기억을 너무 잘해도 문제, 못해도 문제인 것만은 확실.

기억력과 그림에서 천재성을 보이는 서번트 증후군 지구인

스테판 윌셔라는 이 지구인은 눈으로 본 도시의 모습을 사진을 찍듯 기억해서 그림을 그려 유명해짐. 멕시코시티라는 도시라고 함. 멋진데?

이 정도는 돼야 아우린과 견줄 만하지!

©Gobierno CDMX / Wikimedia Commons

재미있는 기억력 테스트

훌륭한 아우린은 항상 보라색 양말을 신는다.

이 문장을 읽어 두고, 다시 한 번 머릿속에 새겨 두어라.
종이를 꺼내 위의 문장을 가린다.
이제 다음 아래의 문제를 풀어 보자.

❶ 다음을 계산하라.

20 − 4 =
16 + 17 =
8 × 6 =
4 + 15 − 17 =

❷ 'ㅅ'으로 시작하는 단어 4개를 적어라.

❸ 다음 두 가지의 유사점은 무엇인가?

당근과 감자

사자와 늑대

❹ 원을 그리고 1~12까지 시계 숫자를 표시한다. 이제 9시 20분을 시계 바늘로 표시해 보자.

테스트 시작 부분에 기억해 두라고 했던 문장이 생각나는가?

6

같은 일, 다른 기억

지구인의 뇌에
가짜 기억을 심어라

외계 문명 탐험가 라후드는 지구인 문화를 탐구할 새로운 방법을 찾아냈다. 손쉽고 안전하면서도 다양한 정보를 한꺼번에 알 수 있는 좋은 방법, 바로 텔레비전 보기였다. 라후드는 특히 드라마가 좋았다.

라후드는 종종 드라마에 나오는 지구인 아빠처럼 소파에 드러누워 드라마를 즐겼다.

참으로 평화로운 외계 문명 탐험이었다.

외계인 침입자가 등장하기 전까지는!

느닷없이 나타난 적은 검은 양복보다 훨씬 가까운 곳에 있기에 더 위험했다.

문제의 침입자는 줍줍 여사였다. 아무리 대문을 꼭 잠가도 줍줍 여사는 공기처럼 스르르 들어와 괴상한 냄새가 나는 지구 음식을 내밀었다. 가끔은 다른 지구인까지 데려와 위협했다. 심지어 목적을 달성한 뒤에도 쉽게 물러가지 않았다.

써니는 진실을 확인하고 더 큰 충격에 빠졌다.

정말로 써니는 놀이공원에서 떨어진 적도, 그 일로 입원한 적도 없었다. 할머니가 병원에 전복죽을 싸 온 적이 없으니 언니가 뺏어 먹은 적도 없었다.

대체 어디서부터 잘못된 거지?

"진짜 그런 일이 없었어? 난 분명히 기억하는데?"

이 모든 기억은 가짜였다.

부모님이 만들어 낸 가짜 기억에, 써니가 덧붙인 가짜 기억.

"세상에! 가짜를 진짜로 기억하는 것도 충격인데, 그 가짜 기억을 내가 만들었다고?"

써니는 눈앞이 아찔해졌다. 자신의 기억을 믿을 수 없다면 무엇을 믿어야 하지?

다음 일요일 오후, 아우린 본부에 또 침입자가 나타났다.

하필이면 지구인 슈트를 정비하던 중이라 잠시 아우린의 본모습을 드러내고 있을 때였다.

"부침개 좋아하나?"

줍줍 여사는 예고도 없이 들이닥쳤다.

후다닥, 아우린들은 재빨리 소파 뒤로 숨었다. 잠시 숨 막히는 침묵이 흘렀다. 아우린들은 미동도 하지 않고 줍줍 여사의 반응을 기다렸다.

곧 줍줍 여사의 찢어질 듯한 비명이 들렸다.

"방심했다. 당장 쫓아가서 저 지구인을 붙잡는다."

아싸는 재빨리 지구인 슈트를 입었다. 라후드도 서두르며 물었다.

"잡은 다음엔 어떡하지?"

"없애야지."

아싸와 바바는 동시에 대답했다.

"써니 할머니를 없앤다고?!"

아우린의 안전을 위협하는 적은 누구라도 제거한다! 그것이 탐사대의 가장 중요한 원칙이었다. 하지만 라후드는 아직 줍줍 여사를 '적'으로 규정하지 않았다.

"줍줍 여사를 없애는 건 안 된다. 줍줍 여사가 갑자기 사라지면, 다른 지구인들이 이상하게 생각할 거다. 경찰이 찾아오고, 이웃인 우리도 의심받고, 경찰서에 가야 할 수도 있다. 그러다 우리 정체가 드러나기라도 하면……."

라후드는 지구에서 이웃이 사라졌을 경우 일어날 수 있는 일을 줄줄이 읊었다. 드라마로 지구인 문화를 철저히 공부한 덕분이었다.

"그럼 어쩌지? 다른 방법은 없는데?"

바바의 말에 라후드는 아싸를 쳐다보았다. 아우레 최고의 과학자 아싸는 더 좋은 선택을 할 수 있겠지!

"번거롭기는 하지만, 줍줍 여사가 아니라 그 지구인의 기억만 없앨 수 있다."

> 아, 기억 상실증? 높은 데서 떨어뜨려서?

"아니. 그렇게 복잡한 방법은 필요 없다. 써니 봤지? 지구인의 기억은 완전하지 않아서 쉽게 조작할 수 있다. 증거와 거짓 기억을 섞으면 된다. 바바는 이곳에서 증거를 심고, 우리는 줌줌 여사를 쫓아가 거짓 기억을 주입한다."

"어떻게?"

"지구인의 눈과 기억은 완전하지 않으니, 일단 아우린을 봤다는 사실을 의심하게 만든다. 다음으로 증거를 제시한다."

지구인의 기억 조작하기!

"아이고, 뛰다가 발목을 다쳤나 봐. 저녁에 댄스 교실도 가야 하는데 어쩌나."

홍 여사는 발목을 문지르며 중얼거렸다.

외계인이 옆집 사람들을 몽땅 잡아먹었을지도 모르는 이 위험한 순간에 댄스라니! 줌줌 여사는 철없는 친구에게 버럭 화를 냈다.

"홍 여사야, 너는 지금 댄스가 문제니?"

"그럼 너는 뭐가 문제야? 외계인? 세상에 외계인이 어딨니? 아이고, 발 아파 죽겠네. 걷지도 못하겠다고."

홍 여사가 아프다고 끙끙대자 줌줌 여사는 미안해서 바로 꼬리를 내렸다.

"아니, 병원이 문제라고. 일요일이라 문 여는 병원이 없을 텐데……."

"솔병원은 일요일에도 할걸. 간판에서 본 것 같은데?"

홍 여사의 목소리도 조금 누그러졌다.

"아니, 안 할걸?"

"할걸?"

두 할머니는 기억을 더듬어 보았지만, 답을 찾을 수 없었다.

"우리 딸한테 물어보고 올게. 여기 좀 앉아 있어."

줍줍 여사는 위니 미용실로 걸어갔다. 갈수록 기억력이 떨어져서 큰일이라고 혀를 쯧쯧 차면서 말이다.

"위니야, 솔병원 말이다……."

줌줌 여사는 미용실 문을 열다가 오로라와 눈이 마주쳤다. 잠시 깜빡했던 외계인이 다시 떠올랐다.

"맞다, 외계인! 아이고, 아싸 엄마. 큰일 났어. 아까 아싸네 집에 들렀는데 외계인이 있었어. 이티 같은 외계인, 털북숭이 외계인, 다리가 여럿인 외계인……. 그놈들이 아싸랑 식구들을 다 잡아먹었으면 어째? 어서 전화 좀 해 봐."

옆에서 듣고 있던 위니 원장은 어이가 없었다.

"엄마, 그게 무슨 황당한 말이야? 외계인이 어딨다고?"

바깥에서 상황을 지켜보던 라후드와 아싸가 얼른 미용실로 들어왔다. 오로라는 매서운 눈으로 둘을 째려보았다.

"아이고, 아싸 무사하네. 다행이야. 너희 집에 외계인이 나타나서 내가 어찌나 놀랐는지!"

줌줌 여사는 아싸의 손을 덥석 잡았다. 아싸는 재빨리 손을 빼며 대답했다.

"우리 집에 외계인 없어요."

"아니, 있어. 내가 봤다니까. 지금 집에 가면 절대로 안 된다. 외계인을 만나면 어떡해?"

"증거가 있나요?"

"증거? 내 눈, 내 기억이 증거지."

"지구인의 눈은 자주 착각을 일으키고, 기억은 종종 왜곡되지요."

"내 말을 못 믿겠다고? 그럼 당장 일어서. 가서 외계인이 있는지 없는지 보자고."

아싸가 바라던 바였다. 조금 전에 바바에게서 '증거 조작 완료'라는 통신도 받았다.

"네, 할머니. 우리 집에 가서 확인해 봐요. 위니 원장님도 같이 가 보시고요, 네?"

아싸는 기억을 조작당할 줌줌 여사와 증인이 될 지구인을 함께 초대했다.

증거조작 완료!!!

"엄마도 참. 내일 나랑 안경이나 하러 가요."

위니 원장은 쯧쯧 혀를 차며 집으로 돌아갔다.

줍줍 여사는 억울했다. 분명히 봤는데 왜 아무도 자신의 기억을 믿어 주지 않을까? 한편으로는 다들 자신의 기억이 잘못되었다고 하니, 스스로도 의심스러워졌다.

'다들 아니라니까 아닌 것 같기도 하고. 내가 진짜 외계인을 본 게 맞나? 헛것이 아니라고 확신할 수 있나? 하긴, 칠십 평생 못 본 외계인을 갑자기 옆집에서 봤다니 좀 이상하긴 해.'

줍줍 여사는 고개를 갸웃거리며 집으로 돌아가 소파에 누웠다. 기운이 쭉 빠졌다. 뭔가 중요한 것을 잊어버린 듯 마음이 허전했다.

보고서 11

지구인의 기억을 조작하는 방법

🌍 2019년 6월 23일　 아우레 7385년 20월 67일　작성자: 바바

지구 사건 개요

* 이웃집의 줍줍 여사는 시도 때도 없이 아우린 본부를 침입함. 갑자기 이웃을 찾아오는 것을 매우 즐기는 스타일. 그 때문에 본부 1층에서는 가능하면 지구인의 모습을 유지하고 있지만, 슈트를 정비하던 중 무심코 줍줍 여사에게 0.01초간 모습을 들켜 버림.

* 줍줍 여사를 제거하는 문제를 고려했지만, 라후드가 반대함. 라후드는 TV에서 본 것을 바탕으로 지구에서 이웃이 사라졌을 때 일어날 수 있는 문제들을 잘 알게 됨. 지구인들이 다른 사람에게 매우 관심이 많다는 것을 잊지 말것. 이웃이 사라지면, 다른 이웃이 의심을 받음.

지구인들의 기억을 왜곡하는 방법

- 지구인에게 아우린임을 들켰을 경우를 위한 몇 가지 방법이 있음. 그중 가장 쉬운 것은 지구인의 기억을 왜곡하는 것. 지구인들은 빠른 정보 처리를 위해 자신이 기억하는 진실을 왜곡하기도 함. 이를 잘 이용해야 함.

- 지구인의 인지 능력에는 한계가 있어서 계속해서 들어오는 정보들을 처리하기 어려움. 학교나 직장을 옮기는 등 새로운 환경에 처한 지구인이 스트레스를 받는 이유도 모든 자극이 새로워서 처리해야 할 정보량이 늘어나기 때문임. 고작 학교나 직장 가지고. 아우린들은 행성도 옮기는데.

- 지구인들은 정보를 익숙한 방법으로 처리하려는 경향이 있음. 그 방법이 쉽기 때문. 이 과정에서 지구인들은 진실을 놓치는 실수를 하기도 함. 우리는 줍줍 여사에게 외계인의 존재가 전혀 익숙하지 않다는 점을 이용하여, 줍줍 여사의 기억을 왜곡하는 데 성공함.

지구인에게 잠이란?

- 지구인들은 하루의 3분의 1을 잠. 하루 24시간 중 8시간을 권장 수면 시간이라고 하지만, 갓 태어난 아기는 하루의 대부분을 잠으로 보내고, 10대는 공부하느라 8시간보다 훨씬 적게 자고, 성인들도 일을 하거나 때로는 노느라 8시간 동안 자는 지구인은 많지 않은 것 같음. 지구인이 전 생애를 통틀어 얼마나 자는지 연구해 볼 만함. 지구인들이 자는 동안은 무방비 상태가 될 것임.
- 지구의 의사들은 잠의 역할을 강조하며, 성인들에게도 7시간 이상은 잠을 자라고 권장함. 모든 생명체는 잠을 자지 않으면 살 수 없음. 아우린도 마찬가지임. 잠을 자는 동안 지구인의 뇌에서는 다양한 회복 작용이 일어나기 때문임.
- 지구인들에게 수면은 다양한 기능을 함. 수면은 면역계를 회복시키고, 뉴런에 회복 시간을 제공함. 그날의 경험을 기억하는 것을 도움. (지구인들의 기억력이 나쁜 것은 수면 부족 때문일지도 모르겠음.) 창의적 사고를 이끌어 내고, 새로운 정보들 간의 연계를 찾아냄. 뇌하수체에서 근육 발달에 필요한 성장 호르몬을 분비함.
- 자는 동안 지구인의 뇌는 생각보다 매우 바쁘게 움직이고 있음. 그래서 깨어 있는 동안은 뇌를 덜 쓰는지도.

> 후속 탐사대에게 작성자 **라후드**

지구의 모든 정보가 모이는 곳은 TV드라마?

- 지구인들은 TV 드라마 보는 것을 매우 좋아함. 드라마의 내용을 예측하고 결론을 확인하며 자신이 드라마의 내용을 통제할 수 있다는 착각을 하는데, 이러한 착각이 지구인들에게 만족감을 주기 때문. 현실에서는 이루지 못할 일이 이루어지는 것에 기뻐하고, 나쁜 놈에게는 실컷 욕도 하며 대리 만족을 느끼기도 함. 드라마 속 해피 엔딩의 세상에 사는 지구인들은 자신의 생활도 행복하게 여기는 것 같음.
- 드라마의 소재는 매우 다양함. 사랑, 가족, 인공지능, 역사, 도플갱어, 의학, 법률, 저승사자, 부활, 만화, 게임, 학교, 귀신, 시간 여행 등. 실제 지구인들의 생활에서 벌어지는 이야기도 많지만, 그렇지 않은 경우도 많음. 지구인의 생활뿐만 아니라 머릿속을 관찰하는 데는 좋은 방법임. 지구인들이 각각의 상황에 어떻게 행동하고 말하는지 배울 수 있음.
- 그러나 드라마 속 상황과 대사는 일반적인 듯 일반적이지 않음. 드라마의 대사를 따라 하면 이상하다는 소리를 들음. 또 지구인의 일상생활에 일어나지 않는 일을 실제로 믿으면, 지구 생활에서 외계인이라는 의심을 받을 수 있음. 그러니 지구의 드라마를 지구인 연구에 이용할 때는 적당한 수준을 지키는 것이 필요. (어쨌든 매우 재밌음. 지구인들은 이야기를 만드는 재주가 뛰어남.)

7

즐거운 꿈만 꾸기를

지구인의 기억과 꿈은
연결되어 있다

'1, 7, 24, 29.'

루이는 잊어버리기 전에 꿈에서 본 숫자를 스마트폰에 입력했다.

"힝, 네 개뿐이네. 로또 번호를 완성하려면, 여섯 개가 필요한데."

꿈에 나온 숫자는 로또 일등 당첨 번호! 루이는 확신했다.

루이는 꿈이 많았다. 그중 첫 번째가 로또 당첨이었다. 로또만 되면 세상 멋지게 차려입고 당장 우주여행을 떠나리라!

"괜찮아. 아직은 숫자 네 개뿐이지만 비슷한 꿈을 계속 꾸면 나머지도 다 나올 거야. 오늘부터 우주 영화를 보고, 우주여행을 생각하면서 잠들어야지. 한 번 꾼 꿈을 이어서 꾸지 말라는 법은 없잖아?"

루이는 매일 우주선이 나오는 영화를 보고, 로또 숫자를 생각하며 잠이 들었다. 하지만 다시는 행운의 꿈을 꾸지 못했다.

　루이는 꿈에서 본 적도 없는 숫자를 기억하려고 애쓰느라 아싸가 계산대 앞에서 기다리는 것도 몰랐다. 아싸도 루이가 카드에 표시한 숫자를 뚫어져라 바라보았다.

　'중요한 숫자인가? 어떤 규칙으로 이루어져 있지?'

　수상한 눈길을 눈치챈 루이가 고개를 들었다.

　"잘생긴 꼬마 왔구나. 너도 로또에 관심 있냐?"

　"로또가 뭐냐?"

　지구에 아우레 최고의 수학자 아싸도 모르는 수의 규칙이 있단 말인가?

"로또도 몰라? 행운의 여섯 숫자. 마흔다섯 개의 숫자 중 당첨 번호 여섯 개를 맞히면 어마어마한 당첨금을 받는 복권 말이야. 엊그제 꿈에서 행운의 숫자 네 개를 봤거든."

지구인은 꿈을 통해 중요한 기억은 오래 저장하고 중요하지 않은 기억은 지운다. 그러나 매 순간을 카메라로 찍듯 선명하게 기억하는 아우린은 꿈을 꾸지 않았다.

"어휴, 근데 숫자 두 개를 못 봤어. 뭘 거 같냐?"

"814만 5,060분의 1."

아싸는 엉뚱한 대답을 했다.

"루이 형이 로또에 당첨될 확률은 서울을 날려 버릴 만큼 큰 소행성이 지구에 충돌할 확률보다 낮아. 형이 매주 10만 원어치의 로또 복권을 산다고 했을 때 3,120년 만에 한 번 당첨될 확률이지. 그렇게 드문 확률을 바라고 돈을 투자하는 거야?"

"그러니까 로또지! 확률은 낮지만 되기만 하면 엄청나게 많은 돈을 받게 되니까."

지구인들의 평균 수명을 봤을 때, 이 확률은 지구인들이 평생 동안 단 한 번도 맞히기 힘든 수준이다. 지구인들이 아우린만큼 오래 산다면 모를까.

그런데도 지구인이 로또에 집착하는 이유는? 아싸가 재빨리 검색해 보니, 이것은 지구인의 뇌에 있는 보상 중추 때문이다. 확률이 매우 낮아도 받을 보상이 훨씬 더 크면, 그 일을 상상하는 것만으로도 기분이 무척 좋아진다는 것이다. 그래서 객관적인 확률은 의미가 없어지고 상상 속 당첨의 기쁨만 남게 된다. 지금 루이처럼 말이다.

"흥! 그래도 다 되거든! 거의 매주 한 명 이상은 1등에 당첨돼. 그중에는 나처럼 예지몽을 꾼 사람이 엄청 많단 말이지."

루이는 행운의 꿈에 초를 치는 아싸에게 토라져 팩 쏘아붙였다. 지구인의 감정 변화에 관심이 없는 아싸는 그것도 모르고 정확한 사실을 설명하며 다시 한 번 루이의 속을 뒤집었다.

"꿈은 잠자는 동안 뇌가 기억을 정리하는 과정에서 일어나는 현상이다. 원하는 꿈을 꾸기도 힘들지만 꿈에서 미래를, 그것도 로또 번호를 예측하기는 불가능하다."

"그건 아닌데……. 아유, 이런 얘길 하면 다들 안 믿어서."

줌줌 여사는 망설였다. 외계인을 봤다고 하면, 세상에 외계인이 어디 있냐며 이상한 사람 소리만 들었다. 그런 말을 자꾸 들으니 '내 기억력에 문제가 있는가, 혹시 치매가 아닌가' 하고 자신을 의심하게 되었다.

머뭇거리는 줌줌 여사에게 루이는 진지하게 말했다.

"할머니, 누가 외계인이 없다고 해요? 외계인은 벌써 지구에 와서 우릴 지켜보고 있을걸요."

아, 루이라면 말이 통할 것 같다. 줌줌 여사는 루이에게 외계인 꿈 이야기를 탁 털어놓았다.

"내 꿈에 나온 외계인이 어떻게 생겼냐면……."

 "근데 이건 옛날 영화에 나오는 외계인들이잖아요. 이건 이 티 닮고, 이건 문어 다리 화성인 닮고, 이건 몬스터 주식회사에 나오는 털북숭이 같은데요? 근데 정말 그림에 소질이 있으시 네요."

 루이는 깔깔 웃었다. 줌줌 여사는 민망해서 얼른 말을 돌렸다.

 "내가 뭐 진짜 외계인을 봤다고 했나? 꿈에 이상한 게 나온다 고 했지."

 "헤헤, 근데 할머니. 진짜 외계인은 이렇게 안 생겼대요. 우리 랑 똑같이 변장하고 올 거래요. 그러니까 이런 건 무서워할 필 요 없어요."

 "누가 무섭대? 그냥 꿈이라니까."

 줌줌 여사는 풀이 팍 죽어서 돌아갔다.

그날 밤, 라후드는 정보 수집의 임무를 핑계 삼아 편의점에 들렀다.

'지구 음식 문명 탐구를 위해 외계인 박사가 먹는 탕탕면을 시도한다!'

라후드는 탕탕면을 번쩍 들었다가 깜짝 놀랐다. 라면 선반 밑에 아우레 탐사대의 그림이 떨어져 있는 게 아닌가! 라후드 자신과 아싸, 바바까지 정확하게 그린 그림이……

라후드는 떨리는 손으로 그림을 들고 루이에게 다가갔다.

"루이, 이건 무엇이냐?"

"아, 그거요? 써니 할머니가 그린 거예요. 제목은 꿈에서 본 외계인? 헤헤, 할머니가 공상 과학 영화 마니아인 줄 몰랐다니까요."

"그, 그렇구나. 외계인은 이렇게 안 생겼는데……."

라후드는 문제의 그림을 슬쩍 주머니에 집어넣으며 손가락으로 밖을 가리켰다.

"저렇게 생겼지."

때마침 정 박사가 편의점으로 들어오고 있었다. 루이는 은밀한 미소를 지으며 라후드에게 맞장구쳤다.

"맞아요!"

라후드는 탕탕면을 집어던지고 본부로 뛰어갔다.

"비상, 비상이다. 써니 할머니가 꿈에서 아우린을 본다. 할머니의 기억은 조작했지만 꿈이 남았다."

라후드는 써니 할머니의 그림을 쫙 펼쳤다.

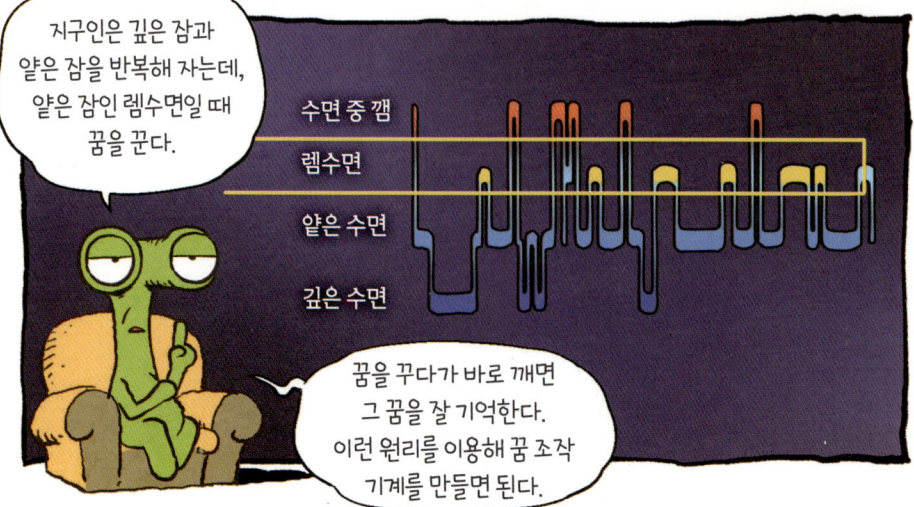

바바는 머나먼 아우레에서 최고의 공학자였다. 바바의 섬세한 손끝에서 탄생한 기술 덕분에 아우레 탐사대는 웜홀을 통과해 지구로 왔다. 그런 바바에게 꿈 조작 기계는 일도 아니었다.

바바는 지구인들이 만든 기억에 관련된 기계들을 몇 가지 샀다. 기억력을 높여 주는 기계, 잠을 잘 자게 도와주는 기계, 최면을 걸어 주는 기계, 심지어 꿈을 만드는 기계도 있었다.

"지구인의 꿈 조작 기술은 아직 완벽하지 않으니 내가 직접 만든다."

바바는 꿈 조작 기계를 들고 옆집에 찾아갔다.

"써니 할머니, 요즘 악몽을 꾼다면서요? 이게 잠을 잘 자게 하는 기계랍니다. 한번 써 보세요."

"정말요? 역시 늙은이 마음 알아주는 사람은 친구밖에 없네. 고마워요."

줍줍 여사는 조금도 의심하지 않고 요상한 기계를 덥석 받았다.

보고서 12
지구인들에게 꿈이란

🌍 2019년 6월 30일   🧠 아우레 7385년 21월 29일   작성자: 아싸

지구 사건 개요

* 오늘 지구인의 매우 비이성적인 해괴한 장면을 목격함. 루이는 꿈에서 숫자를 봤다는 이유로 자신의 한 시간 알바비를 내고 복권을 사고 있었음. 꿈에서 본 숫자가 복권 당첨 번호일 것이라고 확신함.
* 복권은 '우연한 행운'을 바라는 지구의 독특한 제도. (놀이는 아닌 것 같음. 루이의 태도가 매우 진지했음.) 게다가 지구인은 이를 통해 매우 큰 감정 기복을 갖게 됨.
* 줍줍 여사의 기억을 지웠다고 생각했는데, 줍줍 여사는 꿈에서 계속 아우린을 보고 있었음. 루이의 꿈은 매우 비이성적이라고 생각했지만, 줍줍 여사의 꿈은 무의식의 발현으로 보임. 어쨌든 아우레 탐사대의 안전을 위해 줍줍 여사의 꿈까지 조작해 버림.

지구인들은 꿈을 100% 기억하지 못한다

- 지구인들은 하루에 5개 정도의 꿈을 꿈. 어떤 꿈은 40분까지 지속되기도 함. 지구인 꿈의 내용은 대부분 경험한 것이 기억으로 옮겨 가는 것. 특히 새로운 경험을 한 날은 꿈에서 그 경험을 생생하게 볼 확률이 높아짐.
- 지구인들이 수면의 어느 단계에서 꿈을 꾸는지는 명확하지 않음. 그러나 뇌가 각성 상태일 때 받아들인 정보만을 기억할 수 있기 때문에, 보통 렘수면일 때 꿈을 꾼다고 알려져 있음. 참고로 렘수면일 때 지구인의 뇌는 각성 상태와 비슷함.
- 지구인들이 꿈을 기억하지 못하는 이유는 잠을 자는 동안 감각을 느끼거나 몸을 움직이는 역할을 하는 '대뇌 피질'과 기억을 저장하는 '해마' 사이의 연결이 약해지기 때문임. 그러나 악몽의 경우 자극이 강렬하고 내용이 기괴한 경우가 많아, 대뇌 피질에서 해마로 보내는 신호가 강해짐. 그래서 악몽을 더 잘 기억함.

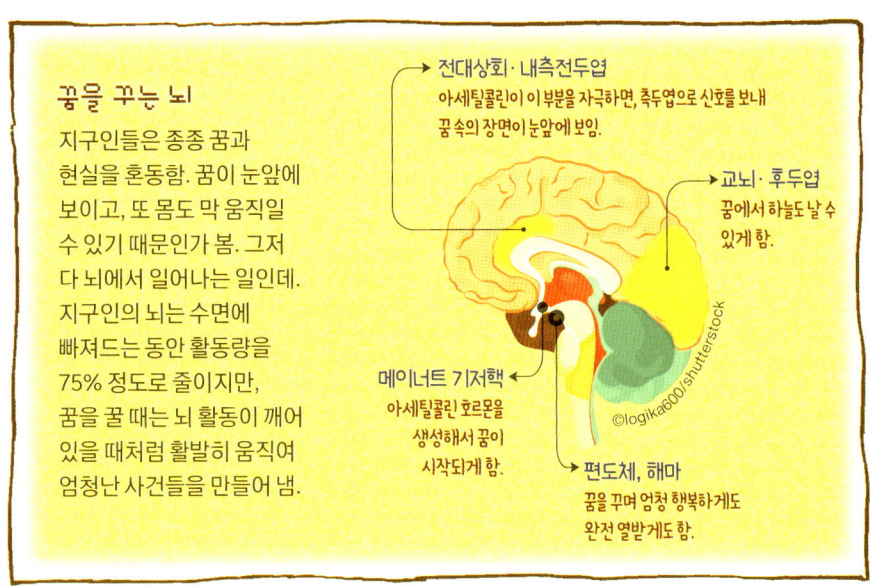

꿈을 꾸는 뇌

지구인들은 종종 꿈과 현실을 혼동함. 꿈이 눈앞에 보이고, 또 몸도 막 움직일 수 있기 때문인가 봄. 그저 다 뇌에서 일어나는 일인데. 지구인의 뇌는 수면에 빠져드는 동안 활동량을 75% 정도로 줄이지만, 꿈을 꿀 때는 뇌 활동이 깨어 있을 때처럼 활발히 움직여 엄청난 사건들을 만들어 냄.

→ 전대상회·내측전두엽
아세틸콜린이 이 부분을 자극하면, 측두엽으로 신호를 보내 꿈속의 장면이 눈앞에 보임.

→ 교뇌·후두엽
꿈에서 하늘도 날 수 있게 함.

메이너트 기저핵
아세틸콜린 호르몬을 생성해서 꿈이 시작되게 함.

→ 편도체, 해마
꿈을 꾸며 엄청 행복하게도 완전 열받게도 함.

지구인들의 꿈 이용법

- 지구인들은 꿈에 많은 의미를 부여함. 흔히 길몽이라 부르는 소재가 있음. 돼지, 똥, 조상 등. 길몽을 꾼 날 지구인들은 복권을 삼. 복권에 당첨될 확률은 지구에 운석이 떨어져 지구가 멸망할 확률보다 낮음. 그럼에도 길몽을 꾼 날은 당첨 확률이 급격히 올라간다고 믿음. 어쨌든 지구에서 당신의 조상이라 할 만한 아우린이 꿈에 나타난다면, 복권을 한번 사 보길 바람. 하라하라가 사라져 돈을 벌어야 하는 상황에, 유용할지도 모름.

돼지랑 똥 꿈을 보여줘~

- 어떤 지구인들은 꿈에서 미래를 본다고 알려짐. 크리스 로빈슨이라는 예언가는 꿈에서 영국 왕세자비의 자동차 사고를 예언하고, 미국의 9·11테러를 사전에 보았다고 함. 실제로 이 사건들이 일어나자, 미국과 영국의 정보국이 이 예언가에게 도움을 요청함. 정보를 위해 꿈속의 예언을 믿다니, 아우린으로서는 절대 이해되지 않음. 지구인들에게 꿈이란 대체 무슨 의미일까?

이 책을 만든 사람들

정재승 기획

KAIST에서 물리학으로 학사, 석사, 박사 학위를 받았습니다. 예일대학교 의과대학 정신과 박사후 연구원, 고려대학교 물리학과 연구교수, 컬럼비아대학교 의과대학 정신과 조교수를 거쳐, 현재 KAIST 뇌인지과학과 교수로 재직 중입니다. 우리 뇌가 어떻게 선택을 하는지 탐구하고 있으며, 이를 응용해서 로봇을 생각만으로 움직이게 한다거나, 사람처럼 판단하고 선택하는 인공지능을 연구하고 있습니다. 쓴 책으로는 <정재승의 과학 콘서트>(2001), <열두 발자국>(2018) 등이 있습니다.

정재은 글

프로젝트를 진행하는 동안 때로는 아싸로, 때로는 라후드로, 때로는 오로라나 바바로 끊임없이 정신을 분리하며 도서 전체의 스토리를 진행했습니다. 가 본 적 없는 아우레 행성과 직접 열어 본 적 없는 지구인의 뇌를 스토리 속에 엮어 내기 위해 엄청 열심히 공부를 해야 했습니다. 쓴 책으로 <똥핑크 유전자 수사대> <멘델 아저씨네 완두콩 텃밭> <미스터리 수학유령> 시리즈 등 다수의 어린이 책이 있습니다. 머릿속 넓은 우주가 어디로 펼쳐질지 모르는 창의력 뿜뿜 스토리텔러.

김현민 그림

일찍이 유럽으로 시장을 넓힌 대한민국의 만화가. 대학에서 산업디자인을 전공한 뒤 어릴 때 꿈을 찾아 만화가가 되었습니다. 프랑스 앙굴렘 도서전에 출품한 것을 계기로 프랑스 출판사에서 <Archibald 아치볼드>라는 모험 만화를 만들고 있습니다. 인간이 아닌 괴물이나 신기한 캐릭터 등 상상력을 발휘할 수 있는 그림을 좋아합니다. 몸은 지구에서 벗어날 수 없지만, 머릿속은 항상 우주의 여행자가 되고 싶은 히치하이커.

이고은 글

지구인들의 심리를 과학적으로 설명해서 보여 주는 것이 취미이자 특기인 인지심리학자. 부산대학교에서 심리학으로 학사, 인지심리학으로 석사와 박사 학위를 받은 뒤, 강의와 연구를 하고 있습니다. 과학 웹진 <사이언스온>에서 '심리실험 톺아보기' 연재를 시작으로 각종 매체에 심리학을 소개해 왔으며, <마음 실험실>(2019), <심리학자가 사람을 기억하는 법>(2022)을 펴낸 과학적 스토리텔링의 샛별.

뇌가 말랑해지는 시간
3권 미리보기

**놓칠 수 없는 마지막 페이지
컬러링과 퀴즈로 뇌를
말랑말랑하게 풀어 주자!
친구와 함께하면 재미가 두 배~!**

10초 안에 다른 그림 다섯 개를 찾아라!

뇌가 말랑해지는 시간 4

기억력 테스트 퀴즈!

① 아우린의 모습일 때 오로라의 눈은 몇 개?

② 정 박사가 말한 서로 다른 시공간을 잇는 통로이자 두 블랙홀을 연결하는 길의 이름은?

③ 손 여사의 가방을 훔쳐간 도둑은 흰 티셔츠를 입었을까, 안 입었을까?

④ 유니가 좋아하는 오빠의 이름은?

⑤ 라후드는 아우레에서 ○○○○○○클럽의 회장이었다. 이 클럽의 이름은?

⑥ 쩌니가 1학년 때 실제로 팔을 다친 장소는 어디?

⑦ 정 박사가 항상 먹는 라면의 이름은?

책 속에서 답을 찾아보세요!

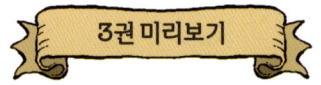

제멋대로 휘두르는
지구인들의 감정을 조심하라!

무사히 성공한 듯 보였던 "완벽한 외계인 프로젝트".

그러나 아우레 탐사대 주변엔 검은 양복인 듯 검은 양복 아닌 수상한 자들의 줄몰이 끊이지 않는다. 이들의 정체는 무엇이며 외계인을 찾아서 도대체 뭘 하려는 걸까?

"저 미용실에 외계인이 있는 것 같아!"

의심스러운 지구인들이 아우린들과의 거리를 좁혀 오고, 급기야 오로라가 일하는 미용실에까지 들이닥치는데……!

오로라는 과연 무사할 수 있을까?

한편, 아우린들은 지구인들과 함께 생활하면서 심상치 않은 것을 발견한다. 그것은 바로 감정! 감정에 휘둘리는 지구인들 때문에 아우린들은 자꾸 귀찮은 일에 휘말린다.

"아싸, 너 두고 봐."

"진짜 섭섭해요!"

"라후드 아저씨가 책임져요!"

아우레 탐사대는 아무것도 하지 않았다. 그런데 지구인들은 도대체 왜 이러는 걸까? 이성적이고 합리적인 아우린들에게 감정적인 지구인들은 어리석어 보일 뿐이다. 그러던 중 종잡을 수 없는 지구인들의 감정에 지친 아우린들의 기지에서 비밀 문서 한 장이 발송된다.

아우레 탐사대는 지구를 어떻게 하려는 걸까? 제멋대로 행동하는 지구인들에 수상한 검은 양복까지. 줍줍 여사의 창고에 쌓여 있는 이 엄청난 물건들은 또 뭐야!

아우린들이 관찰하는 지구인들의 **"감정 편"**이 3권에서 이어집니다.

다양한 SNS 채널에서
아울북과 을파소의 더 많은 이야기를 만나세요.

인스타그램 @owlbook21 페이스북 @owlbook21 네이버카페 owlbook21 네이버포스트 아울북 and 을파소

정재승의 인간 탐구 보고서
02 인간의 기억력은 형편없다

기획 정재승 | **글** 정재은 이고은 | **그림** 김현민
사진 Dreamstime, gettyimages, shutterstock, Wikimedia Commons | **배경설계자** 김지선
펴낸이 김영곤 **펴낸곳** ㈜북이십일 아울북

1판 1쇄 발행 2019년 12월 30일
1판 14쇄 발행 2025년 11월 18일

기획개발 문영 이신지 **프로젝트4팀** 김미희 이해인 **디자인** 한성미
영업팀 정지은 한충희 남정한 장철용 강경남 황성진 김도연 이민재
제작 이영민 권경민

출판등록 2000년 5월 6일 제406-2003-061호
주소 (10881) 경기도 파주시 회동길 201(문발동)
대표전화 031-955-2100 팩스 031-955-2177 홈페이지 www.book21.com

ⓒ정재승·김현민·정재은·이고은, 2019
이 책을 무단 복사·복제·전재하는 것은 저작권법에 저촉됩니다.

ISBN 978-89-509-8308-6 74400
ISBN 978-89-509-8306-2 74400 (세트)

책값은 뒤표지에 있습니다.
잘못 만들어진 책은 구입하신 서점에서 교환해 드립니다.

• 제조자명 : ㈜북이십일
• 주소 및 전화번호 : 경기도 파주시 문발동 회동길 201(문발동) / 031-955-2100
• 제조연월 : 2025.11.18.
• 제조국명 : 대한민국
• 사용연령 : 3세 이상 어린이 제품

너와 나, 우리들의 마음을 이해하게 도와줄
첫 번째 뇌과학 이야기
정재승의 인간 탐구 보고서 (1~18권)

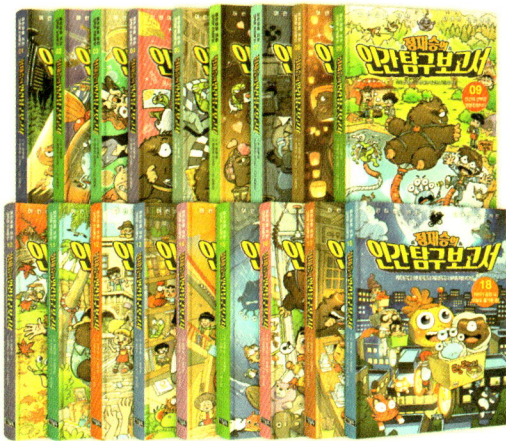

❶ 인간은 외모에 집착한다
❷ 인간의 기억력은 형편없다
❸ 인간의 감정은 롤러코스터다
❹ 사춘기 땐 우리 모두 외계인
❺ 인간의 감각은 화려한 착각이다
❻ 성은 우리를 다르게 만든다
❼ 인간은 타고난 거짓말쟁이다
❽ 불안이 온갖 미신을 만든다
❾ 인간의 선택은 엉망진창이다
❿ 공감은 마음을 연결하는 통로
⓫ 인간을 울고 웃게 만드는 스트레스
⓬ 인간은 누구나 더없이 예술적이다
⓭ 인간은 모두 호기심 대마왕
⓮ 인간, 돈의 유혹에 퐁당 빠지다
⓯ 소용돌이치는 사춘기의 뇌
⓰ 사랑은 마음을 휘젓는 요술 지팡이
⓱ 음식, 인간의 마음을 요리하다
⓲ 이야기 공장 뇌, 오늘도 풀가동 중!

인류의 과거와 현재를 이어 줄
아우리들의 시간여행!
정재승의 인류 탐험 보고서 (1~10권)

❶ 위대한 모험의 시작
❷ 루시를 만나다
❸ 달려라, 호모 에렉투스!
❹ 화산섬의 호모 에렉투스
❺ 용감한 전사 네안데르탈인
❻ 지구 최고의 라이벌
❼ 수군수군 호모 사피엔스
❽ 대륙의 탐험가 호모 사피엔스
❾ 농사로 세상을 바꾼 호미닌
❿ 안녕, 아우레 탐사대!